二十世纪名人自述系列

黄宾虹自述

黄宾虹 著

文明国 编

时代出版传媒股份有限公司

安徽文艺出版社

图书在版编目（CIP）数据

　黄宾虹自述 / 黄宾虹著；文明国编 .－ 合肥：安徽文艺
出版社，2013.9
　（二十世纪名人自述系列）
　ISBN 978-7-5396-4595-7

　Ⅰ . ①黄… Ⅱ . ①黄… ②文… Ⅲ . ①黄宾虹（1865～1955）
自传 Ⅳ . ①K825.72

　中国版本图书馆 CIP 数据核字 (2013) 第 107303 号

出 版 人：朱寒冬　　　　责任编辑：宋潇婧　王婧婧　张楚瑶
特约编辑：韩美玲　　　　封面设计：汪要军　闻 艺

出版发行：时代出版传媒股份有限公司　www.press-mart.com
　　　　　安徽文艺出版社　www.awpub.com
地　　址：合肥市翡翠路1118号　邮政编码：230071
营 销 部：(0551)63533889
印　　制：北京鑫瑞兴印刷有限公司

开本：710×1000　1/16　　印张：15.25　　字数：230千字
版次：2014年1月第1版　　2014年1月第1次印刷
定价：30.00元

目 录

第一辑 宾虹画语

第二辑　画学讲义

第三辑　古画微

第四辑　宾虹书简

目
录

黄宾虹自述

第一辑

宾虹画语

自　述

　　宾虹学人，原名质，字朴存，江南歙县籍，祖居潭渡村，有滨虹亭最胜，在黄山之丰乐溪上。国变后改今名。幼年六七岁，随先君寓浙东，因避洪杨之乱至金华山。家塾延蒙师，课读之暇，见有图画，必细意观览。先君喜古今书籍书画，侍侧常听之，记之心目，辄为仿效涂抹。遇能书画者，必访问穷究其理法。时有萧山倪丈炳烈善书，其从子淦，七岁即能画人物花鸟。其父倪翁，忘其名，常携至余家，观其所作画，心喜之而勿善也。意作画不应如是之易，以其粗率，不假思索耳。其父年近六旬，每论画理，言作画必先悬纸于壁上而熟视之，明日往观，坐必移时，如是三日，而后落笔。余从旁窃笑，以为此翁道气太过，好欺人。请益于先君，诏之曰：儿知王勃腹稿乎？因知古人文章书画，皆贵胸有成竹，未可枝枝节节为之也。

　　翌日，倪翁至，叩以画法，不答。坚请，乃曰："当如作字法，笔笔宜分明，方不至为画匠也。"余谨受教而退。再扣以作书之法，故难之，强而后可。闻其议论，明昧参半，遵守其所指示，行之年余，不敢懈怠。倪翁年老不常至，余惟检家中所藏古书画，时时观玩之。家有白石翁画册，所作山水，笔笔分明，学之数年不间断。余年十三，应试返歙。时当难后，故家旧族，古物犹有存者，因得见古人真迹，为多佳品。有董玄宰、查二瞻画，尤爱之。习之又数年。家遭坎坷中落，肆业金陵、扬州，得友时贤文艺之士，见闻渐广，学之愈勤。游皖公山，访郑雪湖（珊）丈，年八十余。闻其于族中有旧，余持自作画，请指授其法。郑丈云："惟有六字诀，曰'实处易，虚处难'。"子谨志之。此吾曩受法于王蓬心太守者也。余初不为意，以虚实指章法而言，遍求唐宋画章法临摹之，几十年。继北行学干禄以养亲。时庚子之祸方酝酿，郁郁归。退耕江南山乡水村间，垦荒近十年，成熟田数千亩。频年收获之利，计所得金，尽以购古今金石书画，悉心研究，考其优绌，无一日之间继。寒暑皆住楼，不与世俗往来。家常盐米之事，一切委之先室洪孺人；而歙中置宇增产，井井有条，皆由内助也。

逊清之季，士夫谈新政，办报兴学。余游南京、芜湖，友招襄理安徽公学，又任各校教员。时议废弃中国文字，尝与力争之。由是而专意保存文艺之志愈笃。乃至沪，晤粤友邓君秋枚、黄君晦闻；于《国学丛书》、《国粹学报》、《神州国光集》供搜辑之役。历任《神州》、《时报》各社编辑及美术主任、文艺学院院长、留美预备学校教员。当南北议和之先，广东高剑父、奇峰二君办《真相画报》，约余为撰文及插画。有署名大千、予向、滨虹，皆别号也；此外尚多，不必赘，而惟宾虹之号识者尤多，以上海地名有洋浜桥、虹口也。

近十年，来燕京。尝遇张季爰、溥心畬诸君于稷园，继而寿石工君亦至，素喜诙谐，因向众云：今日我当为文艺界办一公案。众皆竦立而听。乃云：张大千名满南北，诸君亦知其假借于黄宾虹，至今尚未归还乎？请诸君决议。即以《真相画报》为证，众乃大笑。

余署别号有用予向者，因观明季恽向字香山之画，华滋浑厚，得董巨之正传，最合大方家数，虽华亭、娄东、虞山诸贤，皆所不逮，心向往之，学之最多。又喜游山，师古人以师造化。慕古向禽之为人，取为别号。而近人撰《再续碑传承》一书，搜集称繁富，燕京出版，中采予向《新安四巧工传》文，乃谓予向为失名。最近《中和》、《雅言》二杂志，皆录予向所作文，人知之复渐多。而余杭褚理堂君德彝撰《再续金石录》，载鄙人原籍，误歙县为黟县，是殆因黟有黄牧甫而误，亦应自为言明者也。

近伏居燕市将十年，谢绝酬应，惟于故纸堆中与蠹鱼争生活；书籍金石字画，竟日不释手。有索观拙画者，出平日所作纪游画稿以示之，多至万余页，悉草草勾勒于粗麻纸上，不加皴染，见者莫不骇余之勤劳，而嗤其迂陋，略一翻览即弃去。亦有人来索画，经年不一应。知其收藏有名迹者，得一寓目乃赠之；于远道函索者，择其人而与，不惜也。

美术周刊弁言

昔者欧洲十字军东征，力排外教之侵辱，载吾东方之文物以归。于时意大利文学复兴，达泰氏以国文著述，而欧洲教育，遂进文明。至今言欧画者，盛称意大利。昔者日本维新，归藩覆幕，举国风靡。于时欧化主义浩浩滔天，三宅雄次郎、志贺重昂等撰杂志，倡国粹保全，而日本主义卒以成立，至今文艺骨董诸杂志充斥于日本。惟意大利以古罗马之庄严伟烈，日印于国民心脑中，是以一举而大业成。惟日本之初，但尊王攘夷，取大和魂，聚国人而申警之，人民卒食其报。之二国者，雕刻、绘画、印刷诸美术，同时并兴。其活泼优美，实足助文学之光彩，佐政治于休和者也。今我中华，自喜马拉雅山以东，太平洋海以西，绵亘数万里，江河流域之富庶，四千年来神圣相继之德教，道成艺成，明于上下，国学彪炳，光耀宇宙。泰西、日本诸国，拾其残缣赝楮，陈列展览，诧为鸿宝。前明院画，悉多北宗，貌似神非；咸称唐宋，胸襟高逸，流露豪素，书卷盎溢，摹拟所难，彼得模形，已足惊众。虽摩西古教，汉唐以来，即入中国，而西学之始，断自明季。泰西利玛窦携来本国人画，人物眉目衣纹，如明镜涵影，睲睲欲动。又著书译经，详及历数象器之学，中土士夫如徐光启、张尔岐、黄宗羲皆深信之。清初用汤若望、南怀仁辈定历明时，而宣城梅文鼎之算学，大兴刘献廷之字学地文学，江都孙兰之地理学，尤多所取法。同时画家若郎世宁，媲美群贤，独标新异，供奉内廷，善写生，人物花鸟，纯用泰西画法参入楷素，不久沉寂，已无有传其学者。吴渔山历生平笃信景教，所画山水，恪守黄鹤山樵、一峰老人家法，毫无泰西诸画面目，至今鉴者称为大家。变彝变夏，迥异若此。我邦人士，欧风东渐，始慕泰西。甲午创后，骎于日本学校教育，水彩油画，俱夺西人之席，学者貌而袭之，以为非中国所有。然试叩以吾国文艺之学何以逊于泰西、日本，则懵然而莫能言。噫！国不自主其学，而奴隶于人之学，曲艺且然，况其大者远者哉！昔颜之推谓晋代儿郎，幼效胡语，学为奴隶，而中原沦亡。钟仪居楚，南冠而絷，乐操士风，识者称为君子。莘莘学子，莽莽神皋，欲知中国雕刻、绘画诸美术，固有发明最早，震耀终古，而为列邦所惊喜骇慕而不可及者。用是区别条目，略加编次，附于周刊之列，谓如婺人之解珠襦也可，即谓如《婴戏图》中之尘羹土饭也亦无不可。

古画出洋

自庚子联军入京之后，中朝古物，秘藏宫殿，充斥无算，奇珍异宝，零落殆尽。而历朝名画，亦悉为夷舶输运而去，欧美各国置之古物陈列所与博物院中，开展览大会，以供邦人学科之研究。自是而西人艳称东方美术，遂于古瓷铜玉之外，咸搜罗中国古画，用印刷品，装订成帙，流播五洲。有英国史德匿君者，侨寓中国有素，遂辑中国名画一书，自言初拟辑画目一册，以为沪上书画赛会之备览，嗣经同人怂恿，因出平时收藏古书画，付诸珂珞电版，敷以采色者，为三色版。复取中国论画故实及其画法诸说，撮译大旨，为之图说，而以金石陶瓷，坿之于后，谅为研求文艺美术者所同嗜。此编之作，得力于爱士高女士及戴惠君、毕列古君，为之赞助，故能集思广益，用臻完美。又有中华人吴衡之君任翻译，沈冶生、郁载生二君任印刷。凡居中国廿余年，孜孜于中国文艺美术，研精覃思，果获奇珍异迹，俱多佳妙，玩其笔墨，洵足赏心惬目，偿其精劳。今撰新说，将令举世好古之士，知所崇尚，咸以中国古画为艺术上之有益，窃不自揣而成指南之针、逮津之筏，是厚幸焉。又乞安吉吴昌硕君、黄山黄宾虹君为之序，东瀛小栗秋堂题其所藏唐王右丞《江干雪霁图卷》。既而史君收藏中国古画之名，流播欧美。旋有瑞典国之皇叔某君，赍数十万金，尽购其册内收藏之物而归。闻特建藏书楼于其国名胜之处，瑰奇伟丽，从所未有，因名之曰：史德匿藏画楼。于是中华收藏名画之家，与骨董营业之商人，类多编次画目，翻译中外文字，必借重一二欧人为之鉴别，因之转运于欧美，获利不赀。而中国古画，无论精粗美恶，悉为市贾收尽无余，虽欲一见虎贲中郎，已不易得。大约欧美人收购中国古画，有科学上之研究焉。一辨缣绢之疏密。唐宋绢丝，极细而匀，虽有粗绢，所谓黄筌画绢如布者，不过言丝缕较疏。然细按其一丝之微，必合无数之茧，纺轧极紧，多寡极均。故以显微镜察之，但觉其圆匀紧厚，而无紊乱丛杂之病。且经纬分明，织造选工，至紧密得宜，不松不皱，试以指上螺纹，不啻钢制细镞，正为后世不能伪。亦有极细之绢，丝缕匀密，几不见痕，所谓宋独梭绢，平滑如纸者是已。此绢年久，平面起有光亮，辨其绽裂之处，皆成鲫鱼口形，宽者或四五尺至六尺不等。今有向姑苏机坊仿造斯绢者，而缫丝之际，究以茧少易断，织工手技，轻重不一，枯窳之形，不可言状，事亦中止。作伪画者，往往觅古绢画而复施之采墨，或至改变面目，蛇足谬添，尤为可笑。一辨别采色。古来颜色，分草染、石染二种。草染之色，既经年湮代远，率多暗淡无光。惟石染之色，如丹砂石青、蛎粉雌黄之类，矿产有今昔之不同，敷施亦新旧之悬异；古画流传，多经霉湿，胶性已脱，装裱庸工，率尔奏技，以致石染之色，随手而去，图画精采，因之尽丧。黠商牟利，又复依样葫芦，视朱成碧，遂如春婆红粉，东涂西抹，东施捧心，益增其丑而已。况夫唐宋麝墨，黑如点漆，渲染浸渍，透入缣素，或浓或淡，皆非可伪造影射也。以兹二者之研求，新旧之间，既不容饰，而欧美之人，究心六法之功，亦即因时以增进，且又有风气之各殊。其初购采中国古画者，多收细笔设色，中国所谓作家画而已。故虽市井俗工印刷涂采之画，亦所收置，时以法兰西人为多。嗣知中国论画，崇尚笔墨，欧美诸邦，转重墨笔，所采如吴小僊、张平山、蒋三松诸家，中国所谓野狐禅者也。近亦渐悟其犷悍过甚，益求南宋诸家，如刘松年、李晞古、马遥父、夏禹玉一流遗迹，其高尚者且侈谈云林、子久，骎骎而上溯王摩诘矣。

论中国艺术之将来

欧风墨雨，西化东渐，习佉卢蟹行之书者，几谓中国文字可以尽废。占来图籍，久矣束之高阁，将与土苴刍狗委弃无遗；即前哲之工巧伎能，皆目为不逮今人，而惟欧日之风是尚。乃自欧战而后，人类感受痛苦，因悟物质文明悉由人造，非如精神文明多得天趣，从事搜罗，不遗余力。无如机械发达，不能遽遏，货物充斥，供过于求，人民因之乏困不能自存者，不可亿万计。何则？前古一艺之成，集合千百人之聪明材力为之，力犹虞不足。方今机器造作，一日之间，生产千百万而有余。况乎工商竞争，流为投机事业，赢输旬息，尤足引起人欲之奢望，影响不和平之气象。故有心世道者，咸欲扶偏救弊，孳孳于东方文化，而思所以补益之。国有豸乎，意良美也。

夫中国文艺，肇端图画。象形为六书之一，模形尤百工之母。人生童而习之，及其壮也，观摩而善，至老弗衰，优焉游焉，葳焉修焉，不敢躐等，几勿以躁妄进。故言为学者，必贵

第一辑 宾虹画语

乎静；非静无以成学。国家培养人才，士气尤宜静不宜动。七国暴乱，极于赢秦。汉之初兴，有萧何以收图籍，而后叔孙通、董仲舒之伦，得以儒术饰吏治，致西京于郅隆。至于东汉，抑有盛焉。六朝既衰，唐之太宗，文治武功，彪炳千古。当时治绩，有"左相宣威沙漠，右相驰誉丹青"之美。图籍，微物也，干戈扰攘，不使与钟镶同销；丹青，末技也，廊庙登庸，可以并圭璋特达。盖遏乱以武，平治以文，发举世危乱之秋，有一二扶维大雅者，斡旋其间，虽经残暴废弃之余，而文艺振兴，得有所施设。故称太平之治者，咸曰汉唐。宋初取士，谓天下豪杰尽入彀中，无他，能令士子共安于学业，消弭其躁动之气于无形，斯治术也。嗟乎！汉唐有宋之学，君学而已。画院待诏之臣，一代之间，恒千百计，含毫吮墨，匍伏而前，奔走骇汗，惟一人之爱憎是视，岂不可兴浩叹！

汉武创置秘阁，以聚图书。明帝雅好丹青，别开画室，又创立鸿都学，以集奇艺，天下之艺云集。毛延寿、陈敞、刘白、龚宽画人物鸟兽，阳望、樊育兼工布色，是为丹青画之萌芽。后汉张衡、蔡邕、赵岐、刘褒，皆文学中人，可为士夫画之首倡者也。而刘旦、杨鲁，值光和中，待诏尚方，画于鸿都学，是即院画派之创始。晋魏六朝，顾恺之、陆探微、张僧繇、展子虔，虽多画人物，而张僧繇画没骨山水，展子虔写江山远近之势，是为山水画之先声，其人皆士夫，未得称为院派。唐初阎立德、立本兄弟，以画齐名，俱登显位。吴道子供奉时为内教博士，非有诏不得画。至李思训、王维，遂开南北两宗，而北宗独为院画所师法。宋宣和中，建五岳观，大集天下画史，如进士科，下题抢选，应诏者至数百人，多不称旨。

夫以数百人之学诣，持衡于一人意旨之间，则幸进者必多阿谀取容，恬不为耻，无怪乎院画之不足为人珍重之也。

昔米元章论画，尝引杜工部诗谓薛少保稷云：惜哉功名忤，但见书画传。杜甫老儒，汲汲于功名，岂不知有时命，殆是平生寂寥所慕。嗟乎！五王之功业，寻为女子笑。而少保之笔精墨妙，摹印亦广，石泐则重刻，绢破则重补，又假以行者，何可数也。然则才子鉴士，宝钿瑞锦，缫袭数千，以为珍玩，视五王之炜炜，皆糠秕埃盖，奚足道哉！夫阎立本之丹青，尚足与"宣威沙漠"者并重，固已甚奇，而薛稷之笔墨，至视五王之功业，尤为可贵。虽米氏特高其位置，然则画者之人品，不可轻自菲薄，于此可知矣。画之优劣，关于人品，见其高下。文徵明有自题其米山曰：人品不高，用墨无法。乃知点墨落纸，大非细事。必须胸中廓然无物，然后烟云秀色，与天地自然凑合。若是营营世念，澡雪未尽，即日对丘壑，日摹妙迹，到头只与坛墁之工争巧拙于毫厘。急于沽名嗜利，其胸襟必不能宽广，又安得有超逸之笔墨哉？

然品之高，先贵有学。李竹懒言：学画必在能书，方知用笔。其学书又须胸中先有古今；欲博古今，作淹通之儒，非忠信笃敬，植立根本，则枝叶不附。斯言也，学画者当学书，尤不可不先读古今之书。善读书者，恒多高风峻节，睥睨一世，有可慕而不可追，使其少贬寻尺，俯眉承睫之间，立可致身通显。惟以孤芳自赏，偃蹇为高，磊落英彦，怀才不遇，甘蜷伏于邱园，徒弦诵歌咏以适志，或抒写其胸怀抑郁之气，作为人物山水花鸟，聊以寓兴托意，清畏人知，虽湮没于深山穷谷之中，常遁世而无闷。后之称中国画者，每薄院体而重士习，非以此耶?

善哉! 蒙庄之言曰：宋元君有画者，解衣槃礴，旁若无人，是真画者。世有庸俗之子，徒知有人之见存，于是欺人与媚人之心，勃然而生。彼欺人者，谓为人世代谢，吾当应运而兴，开拓高古胸襟，推倒一时之豪杰，前无古人，功在开创。充其积弊，势必任情涂抹，胆大妄为。其高造者，不过如蒋三松、郭清狂、张平山之流，入于野狐禅而不觉，当时虽博盛名，而有识者訾议之。彼媚人者，逢迎时俗，涂泽为工，假细谨为精能，冒轻浮为生动，习之既久，罔不加察。其尤甚者，至如云间派之流于凄迷琐碎，吴门派之入于邪甜俗赖，真赏之士，皆不欲观，无识之徒，徒啧啧称道。笔墨无取，果何益哉! 所以为人为己，儒者必分，宜古宜今，学所不废，艺之贵精，法其要也。清湘老人有言：古人未立法以前，不知古人用何法；古人既立法以后，后人即不能出古人之法。法莫先于临摹，然临画得其意而位置不工，摹画存其貌而神气或失。人既不能舍临摹而别求急进之方，则古今名贤之真迹，遍览与研求，尤不容缓。采菽中原，勤而多获，不可信乎?

虽然，时至今日，难言之矣。古者公私收藏，传诸载籍，指不胜偻。廊庙山林，士习作家，巨细秭纤，各极其胜。多文晓画者，形之于诗歌，笔之为记述，偏长薄技，为至道所关。如韩昌黎、杜少陵、苏东坡等诗文集，皆能以词章发扬艺事。而名工哲匠，又往往得与文人学士熏陶，以深造其技能，穷毕生之专精，垂百世而不朽。其成之者，非易易也。自欧美诸邦，羡艳于东方文化，历数十年来，中国古物，经舟车转运，捆载而去。其人皆能辨别以真赝，与工艺之优劣。故家旧族，罔识宝爱，致飘零异域，不知凡几。习艺之士，悉多向壁虚造，先民矩矱，无由率循。甚或用夷变夏，侈胡服为识时，袭谬承讹，饮狂泉者举国。此则严怪、陆痴，共肆其狂诞，闵贞、黄慎，适流为恶俗而已。滔滔不返，宁有底止？挽回积习，责无旁贷，是在有志者努力为之耳。

　　自古南宗，祖述王维，画用水墨，一变丹青之旧，肇自然之性，成造化之功，六法之中，此为最上。李成、郭熙、范宽、荆浩、关仝递为丹青水墨合体，画又一变。董源、巨然作水墨云山，开元季黄子久、倪云林、吴仲圭、王山樵四家，又一变也。学者传摹移写，善写貌者贵得其神，工彩色者宜兼其韵，要之皆重于笔墨。笔墨历古今而不变，所变者，形貌体格之不同耳。知用笔用墨之法，再求章法。章法可以研究历代艺术之迁移，而笔法墨法，非心领神悟于古人之言论，及其真迹之留传，必不易得。荆浩言：吴道子有笔无墨，项容有墨无笔。董玄宰言：一种使笔，不可反为笔使；一种用墨，不可反为墨用。笔以立其形质，墨以分其阴阳。图画悉从笔墨而成，格清意古，墨妙笔精，有实则名自得，否则一时虽获美名，久则渐销。所谓誉过其实者，不揣其本而齐其末，徒斤斤于形象位置彩色，至于奥理冥造，妙化入神，全不之讲，岂不陋哉！况夫进契刀为柔毫，易竹帛而楮素，彩绘金碧，水晕墨彰，中国图画又因时代嬗变，艺有特长，各擅其胜。至于丹青设色，或油或漆，汉晋以前，已见记载。界尺朽炭，矩矱所在，俱有师承，往籍可稽，无容赘述。泰西绘事，亦由印象而谈抽象，因积点而事线条。艺力既臻，渐与东方契合。惟一从机器摄影而入，偏拘理法，得于物质文明居多；一从诗文书法而来，专重笔墨，得于精神文明尤备。此科学、哲学之攸分，即士习、作家之各判。技进乎道，人与天近。世有聪明才智之士，骎骎渐进，取法乎上，可毋勉旃。

精神重于物质说

　　《易》曰：道成而上，艺成而下。道成、艺成，犹今所谓精神文明与物质文明也。中华四千年来，为文化开化最早之国。古之制作，皆古之圣贤，政教一致，初无道与艺之分。盖三代而上，君相有学，道在君相。三代而下，君相失学，道在师儒。春秋之世，文武之道，未坠于地，在人，贤者识其大者，不贤者识其小者，此道与艺之所由分，其见端耶？孔子删《诗》、《书》，订《礼》、《乐》，作《周易》，修《春秋》，问礼于老聃，问乐于苌弘，采百二国之宝书，以及輶轩所录之风诗。其时国学之掌于史官者，集大成于尼山。故孔门四教，文行忠信，又曰：行有余力。则于《说文》注谓：诗书，六艺之文。六艺者，礼、乐、射、御、书、数也。又《汉·艺文志》：《易》、《诗》、《书》、《春秋》、《礼》、《乐》六经，谓之六艺。司马迁叙史，先黄老而后六经，议者纷然。扬雄谓：六经，济乎道者也。乃知迁史之论为可传。艺必以道为归，有可知已。

尝观黄帝御宇,命仓颉制六书,史皇作图画,若风后之阵法,隶首之定数,伶伦之律吕,岐伯之内经,凡宫室器用衣服货币之制,皆由此并兴。夏商而下,迄于成周,设官分职,郁郁乎文,焕然美备。东迁之后,王纲不振,诸侯僭乱,史官失职,远商异国,诸子百家之说,异学争鸣。老子见周之衰,诗书之教不行,乃西出函谷关,著《道德经》五千余言,辞洁而理深,务为归真返朴之旨。其言曰:圣人法天,天法道,道法自然。艺之至者,多合乎自然,此所谓道。道之所在,艺有图画。图画者,文字之绪余,百工之始基也。文以载道,非图画无以明。而图谱之兴,尚不如画者,物质徒存,精神未至也。

宋郑樵论图谱云:今总天下之画而条其为图谱之用者,十有六,一曰天文,二曰地理,三曰宫室,四曰器用,五曰车旟,六曰衣裳,七曰坛兆,八曰都邑,九曰城筑,十曰田里,十一曰会计,十二曰法制,十三曰班爵,十四曰古今,十五曰名物,十六曰书。凡此十六类有书无图不可用也。

图画之用,以辅政教,载诸典籍,班班可考。乃若格高思逸,笔妙墨精,道弸于中,艺襮于外,其深远之趣,至与老子自然之旨相侔。大之参赞天地之化育,以亭毒群生,小之撷采山川之秀灵,以清洁品格。故国家之盛衰,必视文化;文化之高尚,尤重作风。艺进于道,良有以也。稽之古先士夫,多文晓画,言论相同,皆无取于形象位置,彩色瑕疵,亦深戒夫多用己意,随手苟简,而惟赏其奥理冥造,以畅玄趣,极其自然之妙。其说可略举之。

欧阳修论鉴画曰:高下向背,远近重复,皆画工之艺。苏轼论画曰:观士人画,如阅天下马,取其意气所到;至若画工，往往只取鞭策皮毛、槽枥刍秣，无一点俊发，看数尺便卷。黄庭坚曰：余未尝识画，然参禅而知无功之功，学道而知至道不烦，于是观画悉知其巧拙。米友仁曰：言画之老境，于世海中一毛发事，泊然无著，每于静室僧跌，忌怪万虑，心与碧虚寥廓同其流荡。

由此观之，一切形貌采章，历历具足，甚谨甚细，外露巧密者，世所为工，而深于画者，恒鄙夷之。而惟求影响，粗犷不雅者，尤宜摈斥。即束于绳矩，稍涉畦畛，亦步亦趋，自限凡庸，皆非至艺。循乎模楷之中，而出于樊篱之外。是故师古人者，已为上乘；知师古人不如师造化者，方可臻于自然。今者东方美术，遍传欧美，举国之人，宏开展览，无论朝野，争先快睹，以事研究，莫不称誉，以视瓷铜、玉石、织绣、雕刻、古物等器，尤为珍贵。乃若江湖浪漫之作，易长嚣陵，院体细整之为，徒增奢侈，曩昔视为精美，兹已感悟其非，而孜孜于士夫之画，深致意焉。且谓物质文明之极，其弊至于人欲横流，可酿残杀诸祸，惟精神之文明，得以调剂而消弭之。至于余闲赏览，心旷神怡，能使百虑尽涤，犹其浅也。志道之士，据德依仁，以游于艺，精神文明与物质文明之用，相辅而行，并驰不悖，岂不善哉！岂不善哉！

说艺术

今论国画是艺术，学习艺术者，当先明了艺术之解说，循其方法而力行之，可至于成功。古昔之圣哲，为古今艺术家之祖。观其言论，详其方法，俱载于古人之书与其作品。作品之优绌不易知，并不易见，必读古人之书，以先研究其理论，可即艺术之解说，证之于书以明之。

《周礼·天官·宫正》：会其什伍而教之道艺。注谓：礼、乐、射、御、书、数，艺，才能也。

《前汉书·艺文志》：刘歆有《六艺略》。师古曰：六艺，六经也。

《书·禹贡》：蒙羽其艺。《传》：两山已可种。《诗·小雅》：艺我黍稷。《孟子》：树艺五谷。《说文》：艺，种也。

《周官》：教之道艺。道与艺原是一事，不可分析。《易》曰：道成而上，艺形而下。换言之，道是理论，艺是工作。古圣人如周公之多才多艺，孔子之不试故艺。道可坐而言，艺必起而行。自能言者未必能行，能行者不皆能言，于是有劳心、劳力之分。《孟子》曰：劳心者治人，劳力者治于人。艺术之事，徒用其力而不能用其心，所以有才能者，往往受治于人，即与众工为伍，而不自振拔，不谈道之过也。是不研求理论，而艺事微矣。

画本六书象形之一，画法即书法。习画者不究书法，终不能明画法。六艺之目，言书不言画；画属于书之中。唐宋以前，凡士大夫无不晓画，亦无不工书。其书画之名，多为事业文章所掩，不欲以曲艺自见，而人尤鲜称之。故艺术一途，专属之方技，同视为文学之支流余裔，而无足轻重。而安于唐工俗匠者，遂终身于描摹涂抹为能，非但画法之不明，而知书法者亦寡矣。此唐画分十三科，而六法益晦者也。

艺言树艺，如农夫之于五谷，场师之于树木，自播种而灌溉，以及收获，而储藏于仓廪，皆工作也。一年之树如此。若十年之树，其工作较久，而收获更大。至于百年树人，其成效高远，自当出于树木之上，皆由平日之栽培人才，勤劳不倦，用心甚苦，用力甚多。因其关于世道人心，立国基础，兴废存亡，胥在乎此。

是故学者，知艺是才能，详记于古人之书。当如田园之种作，四时勤劳，期于大成，以为世用，必多读书以明其理，求之书法以会其通，游历山川，遍观古人真迹，参之造化，以尽其变。孔门言游艺，先曰志道据德依仁。道是道路，术即是路之途径。艺术是艺事之道路。行道而有得于心之谓德。如浏览山川风景，心中皆有所感想，而得以文字图画发扬之。仁者爱人。艺术感化于人，其上者言内美不事外美。外美之金碧丹青，徒启人骄奢淫逸之思；内美则平时修养于身心，而无一毫之私欲。使人人知艺术之途径，得有所领悟，可发扬于世，皆能安身立命，而无忧愁疾病之痛苦。语云：艺术救世。是不可不奋勉之也。

虽然，言之非难，行之维难。行之者宜求见闻。有见闻而无抉择之明，即不能立志。有坚强之志，而误于一偏，则贻害良多。当知艺术为辅助政教，与文字同功。文以载道，则千古不朽。游艺依仁，可知游非游戏，本仁者爱人之心，所谓君子爱人以德，小人之爱人也以姑息。姑息养奸，祸至烈也。此不明理之害，因作说艺于篇。

说　蝶

　　自来言文艺之美善，辄云妙极自然，功参造化，而于卑卑无甚高论者，讥之曰"夏虫不可以语冰"。夫以天地之大，万汇之众，一事一物，观乎其微，周旋动作，而至道存焉。今当三月之辰，严寒已过，时渐晴和，小步庭除，百卉草木，萌芽甲坼，转眴之间，水涘山陬，千红万紫，缤纷掩映，鸟语花香，无非图画。文人墨客，命俦啸侣，著为词翰，形于丹青，对此韶光，良可兴感。吾方蜷伏蘧庐，杂莳花竹，琴书几榻，生趣盎然。际兹春暖，有蝶栩栩而来，胜于名园渌水，浏览笼中鹦鹉，沼上鸳鸯，攘攘熙熙，更觉幽静。缅怀庄周，手携《南华》一卷，固天壤之奇文，亦艺圃之先异也。

　　《庄子》：庄周梦为蝴蝶，栩栩然蝴蝶也，自喻适志欤，不知周也。俄而觉则蘧然周也，不知周之梦为蝴蝶欤，蝴蝶之梦为周欤？周与蝴蝶则必有分矣，此之谓物化。

　　刘宋谢逸有蝶诗三百首极佳，时称谢蝴蝶。唐滕王元婴画蛱蝶图，有江夏斑、大海眼、小海眼、农村来、菜花子诸名目。宋邓椿尝言：多文晓画。是古人深明画旨者，宜莫蒙庄若也。其梦为蝴蝶，读其文，不啻为画中人也。蝶之为物，自蚁而蛹，及于成蛾，凡三时期。学画者必当先师今人，继师古人，终师造化，亦分三时期。溯自负笈从师，艺术法门，笔墨多方，均由口授，犹蝶之为蚁孵化之时期也。选种择良，资尚聪强，护益师友，宜师今人，此其初步。进于高远，临摹真迹，博通名论，以扩其闻知，犹蝶之为蛹，三眠三起，食叶成茧之时期也。虽或不免规矩准绳，苦于自缚，学之有成，渐能脱化，宜师古人，此其深造。学由人力，妙合天工，入乎理法之中，超乎迹象之外，游行掉臂，潇洒自如，犹蝶之蜕化，栩栩欲仙之时期也。画有纵横万里，上下千年，全师造化，自成一家。如宋元君之画者，解衣槃礴，旁若无人，不枉己以徇人，而复可抱道自重。如楚郢大匠，运斤成风，斫垩而不伤鼻，而后可一气呵成，不为枝节之学。技进乎道，岂徒绘事然耶！否则师心是用，矜夸创作，声华相尚，意甚自豪，比之魏收之作魏书，乃云伺物小子，敢与老夫作对，扬之则升天，抑之则下地，非不得意一时，而后世目为秽史。井蛙自大，徒贻惊蛱蝶之讥，是则士者之所羞称，学者所当深戒也。抑又闻之罗浮香雪海，常有仙蝶，耐兹岁寒，往来于千百梅花树下，致与白猿玄鹤争年寿之久长，是蝶之不独飞扬于春光明媚之时。容或寓物适志，澄怀观化，其小喻大，知岂有涯哉！

宾虹画语

　　古人学画，必有师授，非经五七年之久，不能卒业。后人购一部《芥子园画谱》，见时人一二纸画，随意涂抹，已觉貌似，作者既自鸣得意，观者亦欣然许可，相习成风，一往不返。士夫以从师为可丑，率尔作画，遂题为倪云林、黄子久、白阳、青藤、清湘、八大，太仓之粟，仍仍相因，一丘之貉，夷不为怪，此画法之不研究也久矣。要知云林从荆浩、关仝入手，层岩叠嶂，无所不能。于是吐弃其糟粕，啜其精华，一以天真幽淡为宗，脱去时下习气。故其山石用笔，皆多方折，尚见荆、关遗意，树法疏密离合，笔极简而量极工，惜墨如金，不为唐宋人之刻画，亦不作渲染，自成一家。子久生于浙东，久居富春、海虞山水窟中，当朝夕风雨云雾出没之际，携纸墨摹写造物之真态，意有不惬，则必裂碎不存，然犹笔法上师董源、巨然，自开新面，以成大家。白阳、青藤，皆有工整精细之作，其少年为多，见者以为非其晚年水到渠成之候，或不之重，无甚珍惜，后世因为与习见者不同，悉弃不取，故流传者得其一二，见以为名家面目，如是而止，即如《芥子园画谱》是已。自《芥子园画谱》一出，士夫之能画者日多，亦自有《芥子园画谱》出，而中国画家之矩矱，与历来师徒授受之精心，渐即渐灭而无余。

古之师徒授受，学者未曾习画之先，必令研究设色之颜料，如石青、石绿、朱砂、雄黄之类，由粗而细，漂净合用。约五六月，继教之以胶矾绢素之法，朽炭摹度之形，出以最粗简之稿本，人物、山水、花卉，各类勾摹，纨扇、屏风、横直诸轴，无不各有相传之章法。人物分渔樵耕读，花卉分春夏秋冬，山水分风晴雨雪，一切名贤故事、胜迹风景，莫不有稿。摹影既久，渐积日多，藏之笥中，供他日之应求。如是者或二三年，然后授以染笔调墨设色种种。其师将作画，胶矾绢素，学徒任其事。勾勒既成，学徒为之皴染山峦者自之，点缀树石者有之。全幅成就，其师略加浓墨之笔，谓之提神。名大家莫不皆然，而惟以画为市道者尤甚。其中有名大家之师，所造就之徒，已非尽凡庸，然蓝田叔之徒，自囿于田叔，王石谷之徒，自囿于石谷，比比皆然。学乎其上得乎其次，递遭递退，弊习丛生。而后有聪明超越、才力勇锐之人出，或数十年而一遇，或数百年而一遇。其人必能穷究古今学艺之精深，而又有沉思毅力，其功超出于唐常之上，涵濡之以道德学问之大，参合之于造物变化之奇，青出于蓝而胜于蓝。古来之顾、陆、张、吴，变而为荆、关、董、巨，为刘、李、马、夏，为倪、吴、黄、王、沈、文、唐、仇、四王、吴、恽，莫不如是。学者守一先生之言，必有所未足，寻师访友，不远千里之外，详其离合异同之旨，采其涵源派别之微，博览古今学术变迁之原，遍游寰宇山川奇秀之境，必具此等知识学力，而后造就成一名画师，岂不难哉！

画学为士大夫游艺之一。古之圣哲，用之垂教，以辅经传，因必有图。其后高人逸士，寄托情性，写丘壑之状，抒旷达之怀，无名与利之见存也。近今欧人某校员尝谓其学徒曰："画工以鬻艺事谋生，每一时，画得若干笔，心窃计之，可得若千金，必如何而可足吾愿，衣食住三者之费用，日必几何，吾所作画，所获之酬金，当必称是而无或缺。"手中作画，心实为利，安得专心致志，审察其笔墨之工拙？惟中国画家往往不然。其人多志虑恬退，不撄尘网，故其艺事高雅。夫以欧人竟存名利之心，于今为烈，固我国人望尘之所不及，而其服膺中国画事与中国名画家之品诣，如此其诚，抑又何故？吾思之，今之欧美，非世界所称物质文明之极盛者耶？作画之器具颜色，考求无不精美，画家之聪明才智，用力无不精深，而且搜罗名迹，上下纵横，博览参观，不遗余憾。乃今彼都人士，咸斤斤于东方学术，而于画事，尤深叹美，几欲唾弃其所旧习，而思为之更变，以求合于中国画家之学说，非必见异思迁、喜新厌故也。盖实见夫人工、天趣之优劣，而知非徒矩矱功力之所能强致，以是求人品之高尚，性灵之孤洁，谓未可于庸众中期之，有如此耳。

画者未得名与不获利，非画之咎，而急于求名与利，实画之害。非惟求名利为画者之害，而既得名与利，其为害于画者为尤甚。当未得名之先，人未有不期其技艺之精美者，临摹古今之名迹，访求师友之教益，偶作一画，未惬于心，或弃而勿用，不以示人，复思点染，无所厌倦。至于稍负时名，一倡百和，耳食之徒，闻声而至，索者接踵，户限为穿。得之非难，既不视为珍异，应之以率，亦无意于研精。始则因时世之厌欣，易平昔之怀抱，继而任心之放诞，弃古法以矜奇，自欺欺人，不知所之。甚有执贽盈门，辇金载道，人以货取，我以虚应。倪云林之画，江东之家，以有无为清俗；盛子昭之宅，求其画者车马骈阗。既真伪之杂呈，又习非而成是。姚惜抱之论诗文，必其人五十年后，方有真评，以一时之恩怨而毁誉随之者，实不足凭，至五十年后，私交泯灭，论古者莫不实事求是，无少回护。惟画亦然。其一时之名利不足喜者此也。

六法感言

总　论

南齐谢赫云：画有六法，一曰气韵生动，二曰骨法用笔，三曰应物象形，四曰随类赋彩，五曰经营位置，六曰传移模写，是为画称六法之始。欧阳炯《壁画奇异记》曰：六法之内惟形似、气韵二者为先。有气韵而无形似，则质胜于文；有形似而无气韵，则华而不实。郭若虚言：六法精论，万古不移，然而骨法用笔以下五法可学而能，如其气韵必在生知，固不可以巧密得，复不可以岁月到，默契神会，不期然而然也。宋《宣和画谱·叙论》：自唐至宋山水得名者，类非画家者流，然得其气韵者或乏笔法，或得笔法者多失位置，兼众妙而有之，亦难其人。其昌《画旨》言：气韵生动不可学，此生而知之，自然天授；然亦有学得处，读万卷书，行万里路，胸中脱去尘谷，自然丘壑内营，成立郛郭，随手写出，皆为山水传神。古人称凡学画入门，必须名师讲究指示，诚以古人画法，详载古人之书，论记之多，浩如烟海，或有高谈玄妙，未易明言，否即修词混淆，为难晓悟。兹择其简要者，分析而缕述之，俾观于今者有合于古，进于道者可祛其弊焉，拉杂书之，因为感言如下。

气韵生动

何谓气韵？气韵之生，由于笔墨。用笔用墨，未得其法，则气韵无由呈露。论者往往以气韵为难言，遂谓气韵非画法，气韵生动，全属性灵。聪明自用之子，口不诵古人之书，目不睹古人之迹，率尔涂抹，自诩前无古人；或以模糊为气韵，参用湿绢湿纸诸恶习，虽得迷离之态，终虑失于晦暗，晦暗则不清；或以刻画求工专摹唐画宋画之赝迹，虽博精能之致，究恐失之烦琐，烦琐亦不清。欲除此二者，莫若显其骨干，以破模糊，审其大方，以销刻画。沈宗骞芥舟言：昔时嫌笔痕显露，任意用淡墨之渲染，方自诩能得烟霭依微之致，禾中张瓜田评之为晦，遂痛自艾，始知清气；气清而后可言气韵。气韵生动，舍笔墨无由知之矣。

骨法用笔

唐人画用勾勒，意在笔先，骨法妙处，先立宾主之位，次定远近之形，然后穿凿景物，摆布高低。古人运大幅只三四大分合，所以成章，虽其中细碎处，多要以势为主，一树一石必分正背，无一笔苟下，全幅之中有活落处、残剩处、嫩率处、不紧不要处，皆具深致。明沈灏石天言：近日画少丘壑，只习得搬前换后法耳。凡画须远近都好看。宜近看不宜远看者，有笔墨无局势者也。有宜远看不宜近看者，有局势而无笔墨者也。骨法用笔，原非两事。古人论画有云：下笔便有凹凸之形。此论骨法最得悬解。然笔之嫩与文不同，粗与老不同，指嫩为文，目粗为老，只是自然与勉强之分。如写意之作，意到笔可不到，一写到便俗。又有欲到而不敢到之笔，不敢到者便稚。惟习学纯熟，游戏三昧，而后神行氧至，实处有虚，虚处皆实。一艺之巧，妙合天成，以视貌似神离，自夸高古，其于刘实在石家如厕，便谓走入内室，同属贻诮大方，何多让焉？

应物象形

古人称学花者，以一株花置深坑中，临其上而瞰之，则花之四面得矣；学画竹者，取一枝竹，因月夜照其影于素壁之上，则竹之真形出矣。学画山水者，何以异此！董源以江南真山水为稿本；黄公望隐虞山，即写虞山，皴色俱肖，且日囊笔砚，遇云姿树态，临勒不舍；郭河阳至取真云惊涌作山势，尤称巧绝。师古人不若造化，确系名言。然学者苟于用笔用墨之法，研求未深，平时又不究心于古人派别源流，涂抹频年累月，即欲放眼江山，恣情花鸟，冀以一一收之腕底，无论章法笔法，出于杜撰，其误入歧途尤易。宋韩拙谓寡学之士则多性狂，而自蔽者有三，难学者有二，诚怵之也。

第一辑 宾虹画语

随类赋彩

丹青水墨显分南北两宗。文人之画，自王右丞始，其后董源、巨然、李成、范宽为嫡子，李龙眠、王晋卿、米南宫及虎儿皆从董巨得来，直至元四大家黄子久、王叔明、倪元镇、吴仲圭皆其正传，明之文衡山、沈石田，则又远接衣钵。董思翁谓若马、夏及李唐、刘松年是大李将军之派，非吾辈所易学。唐之二李父子创为金碧山水，院画中人多于青绿山水上加以泥金，俗又谓之金笔。然画之雅俗，初不以丹青、水墨为别，然黄子久之用赭石，王叔明之用花青，画中设色之法，当与用笔无异，全论火候，不在取色，而在取气。墨中有色，色中有墨，古人眼光，直透纸背，大约在此。若有意而为丹青、水墨，虽水墨亦俗不可耐矣。

经营位置

经营下笔，必留天地。大痴谓画须留天地之位，虽落款之处，皆当注意。山水先理会大山，名为主峰。主峰已定，方作以次近者、远者、小者，大者以其一境主之于此，故曰主峰。南宋马远、夏珪多边角景，画人称马远为马半角，又谓之为残山剩水，以应偏安之局，卷册小幅，仅于几案观玩，虽局势位置，未必尽佳，不至触目。若巨幛大幅，必先斟酌大局，然后再论笔墨。沈石田学力过人，年四十年后方作大幅，可见位置之难。古人尝于高楼杰阁、崇山峻岭，俯瞰平畴大阜，远树荒村，层出靡穷，无不入画，非第一树一石，平视之明晦浅深，遽为能事。盖其变换交接，实有与古之作者颉颃上下，中规折矩，无勿惬心，斯为可耳。

传移模写

人之学画，无异学书。令取钟、王、虞、柳，久必入其仿佛，至于名家，无不摹拟，兼收并蓄，而后可底于成。若徒守一家之言，务时俗之学，虽极矩步绳趋，笃信谨守，齐鲁之士，惟摹李营丘，关陕之士，专习范中立，非不貌似，多近雷同。况乎古人粉本，几经传写，失其本真，优孟衣冠，岂必尽肖！故巨然、元章、子久、云林，同学北苑，而各各不同，娄江、虞山、金陵、松江，自成派别，而相去不远，何则？取其神而遗其貌，与胶于见而泥于迹者，当有径庭之殊。形上形下，是愿同学者共勉之也。

章法论

　　自来有笔墨兼有章法者，大家也；有笔墨而乏章法者，名家也；无笔墨而徒求章法者，庸工也。古今相师，不废临摹，粉本流传，原为至重。同一画稿，章法犹是也，而笔墨有优绌之分。笔墨优长，又能更变章法，戛戛独造，此为上乘。章法屡改，笔墨不移。不移者精神，而屡改者面貌耳。昔九方皋相马，能知其为千里者，以赏识于牝牡骊黄之外，而不在皮相之间。夫惟画有章法，因易与人可见，而不同用笔用墨，非好学深思者不易知。独浅尝轻涉之徒，不先习笔墨，但沾沾于章法，以为六法之要旨，如是而止，岂不惧欤？

　　虽然，章法阴阳开阖之中，俯仰回环，至理所存，非容紊乱。法备气至，功在作者。而况南北异候，物土攸分，方域不同，师承各异，古今递变，繁且赜也。不善变者，守一先生之言，狃于见闻，虽有变换，只习移前搬后法耳。此不可以言章法。画有章法，肇于文字。近人华石斧学涑著《文字系》，言昔者伏羲作卦，首取天象，先民未解地文，故凡仰观所得，画属于天。斯言甚确。古以参商二星记晨昏，二星不能相见，故转为不齐之义。例如蓡为竹之参差，槮为木长草盛之不齐貌。《易》云：天下可观莫如木。花枝树叶，至为不齐。古音读参与三同声，故常假为三。例如犙为三岁牛，骖为驾三马，三才称天地人。《说文》云"王"字，三画而联其中谓之王，人与天近，故中画就上，学贯天人也。老子云：圣人法天，天法道，道法自然。是以天生之物，人所不能造；人造之器，天亦不能生。天生者无不参差，故常自然。而人造者每多平直，必事勉强。技进乎道，由勉强而成自然。所谓师今人不若师古人，师古人不若师造化，即人与天近之旨也。欧人言不齐弧三角为美术，其意亦同。三代彝器，阳款阴识，文字之迹，著明分行布白，于不齐之中，伦次最齐，表见章法，是为书画同源之证。至于山水，又称仁智之乐。轩辕、尧、孔广成、大隗、许由、孤竹之伦，必有崆峒、具茨、藐姑、箕首、大蒙之游。汉之蔡邕、赵岐，皆有才艺，工书善画。晋王羲之、献之父子家山阴，顾恺之居晋陵，宋陆探微、梁张僧繇皆吴人，陶弘景秣陵人，生长江南山水之窟，宜其超群轶众之才，自有神助。唐李思训、吴道玄同画嘉陵江水，一则屡月而成，一则一日而毕，繁简不同，皆极其妙。卢鸿隐嵩山，王维家辋川，张志和乐江湖，孙位善松石，朝夕盘桓，其得象外之趣者，无非自然。五代北宋之时，荆浩写太行洪谷，范宽图终南太华，李成画北海营邱，郭熙作河阳云水，又各随其所居之林壑，任情挥洒，章法各自成家，不相沿袭。惟董源、释巨然而后多画江南山，不为奇峭之笔，平淡天真，唐无此品。元汤垕言：宋至董源、李成、范宽三家，山水之法始备。米氏父子师法董巨，高房山、赵瓯波齐名于时。元季四家，如黄大痴之秋山，倪云林之枯木，吴仲圭、王叔明之松石，标格各异。要其咸宗董巨，得其一体，皆不失其正。然徒自其外表观之，汉魏六朝尚丹青；唐画有丹青水墨，成南北二宗之分；北宋名家，类多水墨丹青合体，如以丹青画楼阁舟楫、车马器具，而山林树石，多用水墨；至元季如大痴之浅绛，叔明之花青，各有偏重。标新领异，以盛章法，此其显焉者也。至若南宋之刘松年、李晞古、马远、夏珪，虽其残山剩水，习尚纵横，号为北宗，不免为鉴者所嗤议。要不若明初吴伟、张路、郭诩、蒋三松，犷悍恶俗之甚，宜其有野狐禅之目，而无容置喙已。自此而后，文徵仲师唐法，沈石田仿元人，唐子畏、仇十洲犹兼用南宋体格。董玄宰远宗北苑，虞山、娄东接其衣钵。所惜笔墨之功力既逊古人，而章法位置，渐即松懈。其卓越寻常者，蒙以昆陵邹衣白、恽香山为得董北苑、黄大痴之神。新安僧渐江、查梅壑、汪无瑞、程穆倩诸人，为得元季四家之逸，皆能溯源唐宋，掇其菁英，而非徒墨守前人矩蠼者也。有清以来，吴门、华亭、金陵、浙江诸派，不克自振，而惟华新罗之花鸟、方小师之山水、罗两峰之人物，可为鼎足而立，皆能不囿于时习，以成其超诣，所画章法，翻陈出新，不为诡异，至今声价之高，重于艺林，岂偶然哉！

今之论者，以为北宗多方，南宗多圆；南宗重笔，北宗重墨；南宗简淡，北宗绚烂，殊不尽然。用方而妄生圭角，便易粗俗。唐子畏于方折棱角之处，格用北宗，无不圆转，倪云林仿荆关折带皴法，峰峦用方，平远之势，不拘迹象，天真幽淡，所以为高。

虚与实

画事精能，全重勾勒；勾勒既成，复加渲染。唐人真迹，二者兼长，细如游丝，匀如铁线。勾勒之道，存于笔意。五日一水，十日一石。渲染之工，著乎墨法。用笔之方，前人纯由口授，未易明言，要赖循序渐进，真积力久，功候既深，方能参悟。若恃一知半解，略事涉猎；或因人事纷扰，败于中途，悠悠忽忽，难收成效。笔意优劣，虽关全幅，然有虚有实二者尽之。名迹留传，其易见者，约有四端：曰平，如锥画沙；曰留，如屋漏痕；曰圆，如折钗股；曰重，如高山坠石，如怒猊抉石。

何以谓平？画法之精，通于书法。宋赵子昂问钱舜举何谓士夫画，答曰隶体。其说是已。然隶法之妙，称有波折，似乎用笔，不可言平。不知水者至平，其流无方，因风激荡，与石抵触，大波为澜，小波为沦，曲折奔腾，不平甚矣。而究其随流上下，因势而行，虽无定形，必有定理。风恬岸阔，平自若也。沙之为物，虽易聚散，以锥画之，必待横直平施，始见迹象；若用挑半剔，必不成字。明季吴渔山作画，致力于古，极为深厚，实驾清晖、麓台之上。晚年笃信西历天算之学，兼变其画，往往喜为云烟凄迷之状。云间陆昶，称为高足，画变古法，多挑笔，徒观外貌，颇类欧画，阴阳向背，无不逼真。其画初仅见重于东瀛，后竟无传其法者。天趣人工，虽于图画，殊有雅俗之异，亦其挑笔之蔽，用笔不平，自戾于古咎也。

何以谓留？诗曰：将军欲以巧服人，盘马弯弓故不发。此善言留之妙也。非留则邻于浮滑，失于轻易矣。市井之子，不观古迹，勾摹皴擦，专用顺拖，轻描淡写，谓之雅洁。然而笔力薄弱，积弊滋深，其一惑也。江湖放浪，任意挥洒，枒槎枯槁，自以为苍，臃肿痴肥，遂称其润，徒流狂怪，非真才气，又一惑也。其或鉴二者之弊，矫揉造作，故为艰涩，妄作锯齿之形，矜言切刀之法，持之太过，失其自然。善笔法者，譬如破屋漏痕，其为留也，不疾不徐，不粘不脱。古人之工画者，笔皆用隶，元鲜于伯机画法冠绝一代，当时赵子昂犹钦服之，其家多藏晋魏六朝名迹，尝恨自己笔墨不逮古人。一日独坐楼窗，雨后看车行泥淖中，因悟笔法。车止泥中，轮转车行，犹笔为纸墨所滞，笔转而行不滞，即破屋漏痕之意也。漏痕因雨中微点积处展转而下，殊有凝而不浮，流而不滞之理，自与枯涩油滑不同。

何以谓圆？行云流水，宛转自如。顾恺之之迹，坚劲连绵，循环超忽。张芝学杜度草书之法，因而变之，以成令草书之体势，一笔而成，气脉通连。隔行不断，惟王子敬明其深旨，行首之字，往往继其前行，世上谓之一笔书。其后陆探微亦作一笔画，连绵不断，此善悟用笔以圆以方也。玉以刚折，金以柔全，转处用柔，所谓如折钗股。否则妄生圭角，恶态横陈，恣意纵横，锋芒外露，皆不圆之害也。

何以谓重？唐张彦远论画：骨气形似，皆本于立意，而归于用笔，故工画者多善书。张僧繇点曳斫拂，依卫夫人《笔阵图》，一点一画，别是一巧，钩戟利剑森森然。董玄宰《画旨》谓士人作画，当以草隶奇字之法为之，折如屈铁，山如画沙，绝去甜俗蹊径，乃为士气。不尔，纵俨然及格，已落画师魔界，不可救药矣。书之藏锋，在乎执笔，沉着痛快。人能知善书执笔之法，则能知名画无迹之说。名画藏迹，此藏锋也。颜鲁公书多藏锋，故力透纸背；董、巨、二米笔雄厚，元季四家，得其笔法；沈石田、唐六如画，皆沉着古厚，即有工细之作，尤能用巧若拙，举重若轻，其视唐工俗子徒涂泽为工者异矣。名家设色，无非处处见笔。宋人皴法，即合勾勒渲染而浑成之，刻划与含糊二者之弊，皆可泯灭。笔法之妙，纯在中锋，顺逆兼用，是为得之。此皆言用笔之实处也。至于虚处，前八谓为分行间白，邓石如有以白当黑之说，欧人称不齐弧三角为美术，尤贵多观书法，自能得之。

画法要旨

　　自来以画传世者，代不乏人。笔法、墨法、章法，三者为要，未有无笔无墨，徒袭章法，而能克自树立，垂诸久远者也。不明笔法、墨法，而章法之间，力期清新，形似虽极精能，气韵难求苍润。绳趋矩步，貌合神离，谓之无笔无墨可也。笔墨之法，授之于师友，证之以诗书；临摹真迹，以尽其优长；浏览古人，以观其派别；集众善之变化，成一己之面目。笔墨既娴，又求章法。画家创造，实承源流，流派繁多，尽归于法。夫而后山川清丽，花木鲜妍，人物鸟兽虫鱼生动之致，得以己意传写之。艺有殊科，而道皆一致。否则入于歧异，积为弊端，黄大痴邪甜俗赖之识，何良俊谨细巧密之病，学者差之毫厘，谬以千里，潜心省察，审择不可不慎也。慎其审择，造于精进，画之正传，约有三类：

　　一文人画（词章家、金石家）；
　　二名家画（南宗派、北宗派）；

三大家画（不拘家数，不分宗派）。

　　文人画者，常多诵习古人诗文杂著，遍观评论画家记录，笔墨之旨，闻之已稔，虽其辨别宗法，练习家数，具有条理，惟位置取舍，未即安详，而有识者已谅其浸淫书卷，嚣俗尽祛，涵养深醇，题咏风雅，鉴赏之士，不忍斥弃。金石家者，上窥商周彝器，兼工籀篆，又能博览古今碑帖，得隶草真行之趣，通书法于画法之中，深厚沉郁，神与古会，以拙胜巧，以老取妍，绝非描头画角之徒所能摹拟。名家画者，深明宗派，学有师承。然北宗多作气，南宗多士气。士气易于弱，作气易于俗，各有偏毗，二者不同。文人得笔墨之真传，遍览古今名迹，真积力久，既可臻于深造。作家能与文士熏陶，观摩集益，亦足以成名家，其归一也。至于道尚贯通，学贵根柢，用长舍短，器属大成，如大家画者，识见既高，品诣尤至，深阐笔墨之奥，创造章法之真，兼文人、名家之画而有之，故能参赞造化，推陈出新，力矫时流，捄其偏毗，学古而不泥古。上下千年，纵横万里，一代之中，大家曾不数人。揆之画史，特分四品：

　　一、能品；
　　二、妙品；
　　三、神品；
　　四、逸品。

　　古人有置逸品于神、妙、能三品之外者，亦有跻逸品于神、妙、能三品之上者。神、妙、能三品，名家之中，时或有之。越于神、妙、能而为逸品者，非大家与文人不能及。虽然，一艺之成，良工心苦，岂易言哉！倪云林法荆浩、关仝，极能槃礴，而其萧疏高致，独以天真幽淡见称。二米父子，承学董元、巨然，勾云画山，曲尽精微。而论者谓其元气淋漓，用笔草草，如不经意，是宋元之逸品画，可居神、妙、能三品之上者也。元明以后，文人偶尔涉笔，务为高古。其实空疏无具，轻秀促弱，未窥名大家之奥突，而未由深造其极，以视前修，诚有未逮，其外于神、妙、能三品也亦宜。

文人之画，虽多逸品，而造乎神、妙、能三品者，要以文人为可贵。大家、名家之画，未有不出于文人之造作，而克臻于神、妙、能者也。画者常求笔墨之法，又习章法，其或拘于见闻，墨守陈言，门区户别，不出樊篱，仅成能品。能品之作，虽属凡近，苟磋磨有得，犹可日进于高明，其诣力所至，未可限量。而固步自封，或且以能品止也，此庸史之画也。明乎用笔、用墨，兼考源流派别，谙练各家，以求章法，曲传神趣，虽由人力，实本天机，是为妙品。此名家之画也。穷笔墨之微奥，博通古今，师法古人，兼师造物，不仅貌似，而尽变化，继古人坠绝之绪，挽时俗颓放之习，是为神品。此大家之画也。综神、妙、能之长，擅诗、书、画之美，情思淡宕，不以绚烂为工，卷轴纷披，尽脱纵横之习，甚至潦草而成，形貌有失，解人难索，世俗见訾，有真精神，是为逸品。大家不世出，名家或数十年而一遇，或百年而后遇。其并世而生，百里之近，分道扬镳，各极其致，而若继若续，畸重畸轻，历世久远，绵绵而不绝者，则文人之画居多。古人论吴道子有笔无墨，项容有墨无笔，笔墨有失，识者嗤之。文人之画，长于笔墨。画法专精，先在用笔。用笔之法，书画同源。言其简要，盖有五焉。

笔法之要：

一、曰平；

二、曰留；

三、曰圆；

四、曰重；

五、曰变。

用笔言如锥画沙者，平是也。平非板实。画山切忌图经，久为古训所深戒。画又何取乎平也？夫天地间之至平者莫如水，澄空如鉴，千里一碧，平之至矣。乃若大波为澜，小波为沦，奔流澎湃，其势汹涌而不可遏者，岂犹得谓之平乎？虽然，其至平者水之性，时有不平，或因风回石沮，有激之者使然。故洪涛上下，横冲直荡，莫不随其流之所向，终不能离其至平之性，而成为波折。水有波折，固不害其为平；笔有波折，更足形其姿媚。书法之妙，起讫分明，此之谓平；平，非板也。

用笔言如屋漏痕者，留是也。留易入于粘滞，毫端迂缓，而神气已鲜舒和，腕下迟疑，则精采为之疲荼。笔意贵留，似碍流动，不知用笔之法，最忌浮忌滑。浮乃飘忽不道，滑乃柔软无劲。古之画者多用牙竹器为搁臂，亦称阁秘。右手运笔，恒以左手扶之。势欲向左，抗之使右，欲右掣之使左。南唐李后主用金错刀法作颤笔；元鲜于伯机悟笔法于车行泥淖中；算法由积点而成线，画家由起点而成线条，皆可参"留"字诀也。粘滞何有也！

用笔言如折钗股者，圆是也。妄生圭角，则狰恶可憎，专事嵚崎，尤险怪易厌。董北苑写江南山，僧巨然师之，纯用圆笔中锋，勾勒皴染，遂为南宗开山祖师。其上者取法籀篆行草，或磊磊落落，如蒪菜条，或连绵不绝，如游丝之细，盘旋曲折，纯任自然，圆之至矣。否则一寸之直，皆成瑕疵；累月之工，专精涂饰；目犷悍以为才气，每习于浮嚣；舍刚劲而言婀娜，多失之柔媚，皆未足语圆也。乃知点睛破壁，著圣手之龙头，吐气成虹，写灵光于佛顶，转圜如意，纤巨咸宜，而岂易事摹拟为乎？

用笔之法，有云如枯藤、如坠石者，重是也。藤多纠缠，石本峥嵘，其状可想。况乎螭形屈曲，非同轻拂之条，虎蹲雄奇，忽跃层岩之麓，可云重矣。然重易多浊，浊则混淆而不清。重尤多粗，粗则顽笨而难转。善用笔者，何取乎此？要知世间最重之物，莫金与铁若也。言用笔者，当知如金之重，而有其柔；如铁之重，而有其秀。此善用重者，不失其为重。故金之重，而以柔见珍；铁之重，而以秀为贵。米元晖之力能扛鼎者，重也；而倪云林之如不着纸，亦未为轻。扬之为华，按之沉实，同一重也。而非然者，误入轻松，如随风飘荡，务为轻淡，或碎景凄迷，其不用重害之耳。

唐李阳冰论篆书曰：点不变谓之布棋，画不变谓之布算。盖画者之用笔，何独不然？所谓变者，非徒凭臆造与事巧饰也。中锋、侧锋、藏与露分。篆圆隶方，心宜手应。转换不滞，顺逆兼施。其显著者，山之有脉络，石之有棱角，钩斫之笔必变。水之有淳逝，木之有枯苑，渲淡之笔又变。郭河阳以水墨丹青为合体，董玄宰称董、巨、二米为一家，用笔如古名人，无一而非变也。盖不变者，古人之法，惟能变者，不囿于法。不囿于法者，必先深入于法之中，而惟能变者，得超于法之外。用笔贵变，变，岂可忽哉！

初学作画，先讲执笔。执笔之法，虚掌实指，平腕竖锋，详于古人之论书法中。善书者必善画。笔用中锋，非徒执笔端正也。锋者，笔尖之谓。能用笔锋，万毫齐力，端正固佳；偶取侧锋，仍是毫端着力。倪云林仿关仝不用正锋，乃更秀润。关仝实正锋也。知用正锋，即稍有偏倚，皆落笔贺浑，秀劲有力。否则横卧纸上，拖沓成章，非失混浊，即蹈躁易。或有一挑半剔，自诩灵秀，浮光掠影，百弊丛生，皆由不用笔锋，徒取貌似之过也。

古人画法，多由口授。学者见闻真实，功力精深。其有未至，往往易流板刻结涩之病。故言六法者，首先气韵。后世急求气韵，临摹日少，一知半解，率趋得易，故纤巧明秀之习多，而沉雄深厚之气少。承先启后，惟元季四家为得其宜。干湿互施，粗细折中，皆是笔妙。笔有工处，有乱头粗服处。正锋侧锋，各有家数。倪云林、黄大痴多用侧锋，王黄鹤、吴仲圭多用正锋。然用侧者亦间用正，用正者亦间用侧。钱叔美称云林折带皴皆中锋，至明之启、祯间，侧锋盛行，易于取姿，而古法全失，即是此意。后世所谓侧锋，全非用锋，乃用副毫。惟善用笔者，当如春蚕吐丝，全凭笔锋皴擦而成。初见其平易，谛视六法皆备，此所谓成如容易却艰辛也。元人好处，纯乎如此，所由化宋人刻画之迹，而实得六朝、唐人之意多矣。虽然，观古人用笔之法，非深知学古者之流弊，乌足以明古人之法哉？用笔之病，先祛四端，又其要也。

祛笔之病：

一、钉头；

二、鼠尾；

三、蜂腰；

四、鹤膝。

何谓钉头？类似秃笔，起处不明，率尔涂鸦，毫乏意味，名之为乱。古人用笔，逆来顺受，藏锋露锋，起讫有法。若其任情轻意，直下如槌，无俯仰向背之容，作卤莽火裂之态，不知将军盘马弯弓，引而不发，非故示弱，正以养其全神，一发贯的，与临事之先，手忙脚乱，全无设备者不同。

何谓鼠尾？收笔尖锐，放发无余。要知笔势回环，顾视深稳，无往不复，无垂不缩之妙，故取形蚕尾，硬断有力，提笔向上，益见高超。而市井俗笔，悉以慌忙轻躁之气乘之，如烟丝风草，披靡不堪，徒形其浮薄而已。

何谓蜂腰？书家飞而不白，白而不飞，各有优绌。名人作画，贵有金刚杵法。用笔能毛，点画中有飞白之处，细者如沙如石，如虫啮木，自然成文。或旁有锯齿，间露黑线如剑脊，皆属笔妙；即容笔有不到，意相联属，神理既足，无害于法。浅学之子，未明笔法，一画一竖，两端着力，中多轻细，笔不经意，何能力透纸背？又皴法有游丝、铁线、大兰叶、小兰叶，皆于用笔中间功力有关，宜加细参也。

何谓鹤膝？笔画停匀，圆转如意，此为临池有得之候。若枝枝节节，一笔之中，忽而拳曲臃肿，如木之垂瘿，绳之累结，状态艰涩，未易畅遂，致令观者为之不怡，甚或转折之处，积成墨团。笔滞之因，由于腕弱。凡此诸弊，皆其易知者耳。

欲祛四弊，宜先明乎执笔之法，用笔无不如意。宋黄山谷言：心能转腕，手能转笔，书字便如人意。古人工书画者无他异，但能用笔耳。唐宋绢粗纸涩，墨浓彩重，用笔极难，全凭指上之力，沉着而不浮滑。明初吴小仙、郭清狂、张平山、蒋三松，皆入邪魔，戾于正轨。陆昒系吴渔山高足，不能绍其传者，正以挑笔之故，入于浮滑，由不用中锋之弊也。笔有巧拙互用，虚实兼到。巧则灵变，拙则浑古，合而参之，可无轻佻溷浊之习。凭虚取神，雕实取力，未可偏废，乃得清奇浑厚之全。实乃贵虚，巧不忘拙。若虚与拙，人所难知，而实与巧，众易为力，行其所易，而勉其所难，思过半矣。

论用笔法，必兼用墨；墨法之妙，全从笔出。明止仲题画诗云：北苑貌山水，见墨不见笔。继者惟巨然，笔从墨间出。论用墨者，固非兼言用笔无以明之；而言墨法者，不能详用墨之要，亦不足明斯旨也。清湘有言：笔与墨会，是为氤氲。氤氲不分，是为混沌。辟混沌者，舍一画而谁耶？由一画开先，至于千万笔，其用墨处，当无一笔无分晓，故看画曰读画。如读书然，在一字一句，分段分章而详究之；方能得其全篇之要领。看画如此，画之优劣，无所遁形。即临摹古人，可以知其精神之所属，不至为优孟衣冠，徒取其形似。久之混沌凿开，自成一家。墨法分明，其要有七：

一、浓墨；

二、淡墨；

三、破墨；

四、积墨；

五、泼墨；

六、焦墨；

七、宿墨。

晋魏六朝，专用浓墨，书画一致。东坡云：世人论墨，多贵其黑，而不取其光。光而不黑，固为弃物；若黑而不光，索然无神。要使其光清而不浮，精湛如小儿目睛。古人用墨，必择精品，盖不特藉美于今，更得传美于后。晋唐之书，宋元之画，皆垂数百年，墨色如漆，神气赖之以全。若墨之下者，用浓见水，则沁散湮污，未及数年，墨迹以脱。蓄古精品之墨，以备随时取用，或参合上等清胶新墨研之，是亦用浓墨之一法。

用淡墨法，或言始于李营丘。董北平苑平淡天真，在毕宏上。其画峰峦出没，云雾显晦，岚色郁苍，咸有生息。溪桥渔浦，洲渚掩映，善用淡墨为多。黄子久画山水，先从淡墨落笔，学者以为可改可救。倪云林多作平远景，似用淡墨而非淡墨。顾谨中题倪画云：初学董源，及乎晚年，画益精诣，一变古法，以天真幽淡为宗，要亦所谓渐老渐熟。不从北苑筑基，不容易到耳。纵横习气，即黄子久未能断。"幽淡"二字，则吴兴犹逊迂翁。盖其胸次自别，非谓墨色之淡，顿分优绌。后有全用淡墨作画者，偶然游戏，未可奉为正式。至有以重胶和墨，支离臃肿，遂入恶俗，为可厌矣。

《山水松石格》，传梁元帝撰，其书真赝，姑可勿论；然文字相承，其来已旧。中言：或难合于破墨，体尚异于丹青。破墨之名，又为诗文所习见。元人商琦，善用破墨，倪云林尝称之。以淡墨润浓墨，则晦而钝；以浓墨破淡墨，则鲜而灵。或言破墨，破其界限轮廓，作疏苔细草于界处，南宋人多用之，至元其法大备。董源坡脚下多碎石，乃画建康山势。先向笔画边皴起，然后用淡墨破其凹处。着色不离乎此。石之着色重，由石矾头中有云气，皴法渗软；下有沙地，用淡扫屈曲为之，再用淡墨破。是重润渲染，亦即破墨法之一要，以能融洽，能分明，自为得之。米元章传有纸本小幅，藏张芑堂家，幅首大行书"苇岷江舟还"三十六字，其画老笔破墨，锋锷四出，实书法溢而为画。可知破墨之妙，全非模糊。

积墨法以米元章为最备。浑点丛树，自淡增浓，墨气爽朗。思陵尝题其画端，为"天降时雨，山川出云"，董思翁书"云起楼图"。然元章多钩云，以积墨辅其云气，至虎儿全用积墨法画云。王东庄谓：作水墨画，墨不碍墨，作没骨法，色不碍色，自然色中有色，墨中有墨。此善言积墨法者也。至若张彦远所谓画云未得臻妙，若沾湿绢素，点缀轻粉，从口吹之，谓之吹云；郭忠恕作画，常以墨渍缣绢，徐就水涤，想象其余迹；朱象先画，以落墨后，复拭去绢素，再次就其痕迹而图之，皆属文人游戏，未可奉为法则。否则易入魔障，不自知之。

唐王洽性疏野，好酒醺酣后，以墨泼纸素，或吟或啸，脚蹴手抹，随其形状，为石为云为水，应手随意，倏若造化，图出云霞，染或风雨，宛若神巧，俯观不见其墨污之迹，时人称曰王墨。米元章用王洽之泼墨，参以破墨、积墨、焦墨，故融厚有味。南宋马远、夏珪，皆以泼墨法作树石，尚存古法。其墨法之中，运有笔法。吴小仙辈，笔法既失，承伪习谬，而墨法不存，渐入江湖市井之习，论者弗重，董玄宰评古今画法，尤深痛恶之。惟善用泼墨者，贵有笔法，多施于远山平沙等处，若隐若现，浓淡浑成，斯为妙手。后世没兴马远之目，与李竹懒所谓泼墨之浊者如涂鬼，诚恐学者坠入恶道耳。

明顾凝远谓：笔墨以枯涩为基，而点染蒙昧，则无墨而无笔；以堆砌为基，而洗发不出，则无墨而无笔。又言：笔太枯则无气韵，墨太润则无文理。用焦墨与宿墨者，最易蹈枯涩之弊。然古人有专用焦墨或宿墨作画者。戴鹿床称程穆倩画"干裂秋风，润含春雨"，干而以润出之，斯善用焦墨矣。古人用宿墨者，莫如倪云林，以其胸次高旷，手腕简洁，其用宿墨重厚处，正与青绿相同。水墨之中，含带粗滓，不见污浊，益显清华，后惟僧渐江能得其妙。郭忠恕言运墨，于浓墨之外，有时而用焦墨，有时而用宿墨，是画家墨法，不可不求其备。而焦墨、宿墨，尤以树石阴处，用之为多。古人言有笔有墨，虽是分说，然非笔不能运墨，非墨无以见笔，故曰但有乾廓而无皴法，即谓之无笔；有皴法而不分轻重向背明晦，即谓之无墨。墨中用法，分此数端，神而明之，存乎其人而已。

沈颢言：笔与墨全在皴法。皴之清浊在笔，有皴而势之隐现在墨。米元章言：王维画见之最多，皆如刻画，不足学，惟以云山为戏，是其所长。此唐宋人偏于用笔用墨之所攸分。元季四家得笔墨之法，大称完备。明自沈石田、文徵明而后，多尚用笔；后人枯硬干燥一流，索然无味。董玄宰出，其画前模董、巨，后法倪、黄，墨法之妙，尤为独得。随手拈来，气韵生动，墨之鲜彩，一片清光，奕然宜人，海内翕然从之，文、沈一派遂塞。娄东、虞山奉玄宰为开堂说法祖帅，藩衍至今，宗风末沫。然董画墨法，多作兼皴带染，已非宋元名人之旧。至增介邱、释清湘，稍稍志于复古，上师梅道人，而溯源于董、巨，南宗一派，神气为之一振。旨哉！清湘谓为画受墨，墨受笔，笔受腕，腕受心，如天之造生，地之造成。笔墨之功，先师古人，又师造化，以成大家，为不难矣。

画学升降之大因

　　昔称宋人善画，吴人善冶；名家荟萃，先兴于宋，赋色工丽，尤盛于吴。吴中画派，轻秀有余，藉藉人口，今犹艳之。至于宋人，如左氏之言宋聋、孟子之言无若宋人然，世皆以愚蒙等诮。然《庄子》载：宋元君时，图画众史皆至，受揖而立，舐笔和墨在外者半。有一史后至，儃儃然不趋，受揖不立，因之舍，使人视之则解衣般礴，臝，君曰：可矣，是真画也。观其气度大雅，旁若无人，以视众史，伈伈伣伣，慑服于权威之下，奚啻霄壤！善哉！邓椿有云：多文晓画。惟蒙庄之文，能状画者真态。可知画家能手，别有一种高尚思想，不假修饰，嚣嚣自得，流露形骸之外，初非人世名利所能挠。如此可以论古今优劣矣。

　　上古书画同源，道与艺合，后世图画各异，道与艺分。盖自结绳画卦，虞廷采绘，夏鼎象物，商岩旁求，周公、孔子，多才多艺。古之创造，本乎圣贤，久则因循，成为流俗，补偏救弊，准古酌今，不朽之业，往往非关廊庙，而在山林。何则？三代而上，君相有学，道在君相；三代而下，君相失学，道在师儒。学之所系，顾不重哉！汉承秦世，至武帝时，崇尚儒术，以经文饰吏治，于是董仲舒、公孙弘之伦，务以伪学相蒙。画史毛延寿辈，习其颓风，皆惟利禄是图，比于司马相如，受赂千金，作《长门赋》，其何以异！一则因文见宠，播为美谈；一则婪贿重惩，致遭显戮。虽曰祸福不齐，要亦重文轻艺之见端也。

东汉之初，严陵高隐，濯磨儒行，激引清流，文学之士，尊崇艺能，叙述画人，赵岐、张衡，皆所著录。晋则王氏父子羲之、献之，戴逵、戴颙祖孙称盛，刘宋之宗炳、王微，因传论文，陈之顾野王画图，王褒书赞，文采风流，照耀宇宙，固非特顾恺之、陆探微、张僧繇、展子虔之徒工六法已耳。自汉明帝，设鸿都学，别开画室，置尚方画工，洎于李唐，阎立德历官尚书，立本拜右相，兄弟以画齐名；吴道玄供奉时，为内教博士；李思训官左武卫大将军，因此待诏、祗候请职，详于史传，可谓众矣。南唐、后蜀有翰林待诏，并开画院；宋初增画学正学生，转国子博士，徽宗更加荣宠，赐绯紫佩鱼，俸值支给，不以众工待之，尤异数也。然而考试题材，诗词并举，非不新巧，但以艺极精能，或流匠作，格多拘忌，常乏自然，为世诋议。岂不惜哉！岂不惜哉！

夫图画之事，文字之绪余，士夫之游戏耳。一艺之成，必先论品。盖以山川磅礴之气，草木雨露之华，著为丹青，形之楮墨，偶然挥洒，具见性灵，拓此胸襟，俱征娴雅。其人有若顾长康之痴，范中立之缓，米漫仕之颠，倪幻霞之迂，皆不为病。维能精义入神，与众珠异，乃成绝艺。故谢去尘俗，曲尽幽微，类多际世艰虞，处身困阨，甘自肥遁，不求人知。如洪谷子隐居太行山中，李营丘避地北海，黄、吴、倪、王，生丁元季；石谿、清湘、渐江，成名清初，讵有时乎？非得已也。

宋东坡论吴道子、王摩诘画，曰"维也无间言"。米元章创为墨戏，自言无吴道子一毫俗气；明初戴进、吴伟，追踪马、夏，渐趋犷悍，为世惊骇；至郭诩、张路、蒋三松，恶俗极矣！时则王叔明、赵善长、陈汝言诸贤，夷戮殆尽，非有沈石田、文徵仲崛起，南宗正派，无由振拔，不能斥野狐禅之邪。前清娄东、虞山，上承董思翁之传，石谷画《南巡图》，麓台内廷供奉，名非不显，识者谓为师法宋元，华滋浑厚，恒不逮古。因有君学，枉己徇人之意存乎其间，朝市之气，未能摆脱，可深惋惜。若方小帅、罗两峰、华新罗、高南阜，生当挽近，追摹古昔，肥不臃肿，瘦不枯羸，欲于四王、吴、恽之外，独树一帜，益以闻见既宏，资学俱备，故非涂泽为工、苍莽为古者所能仿佛。是画师古人，兼师造化，方能有成。取古人之矩矱，参造化之殊变，画学渊源，不致失堕。若断若续，绵绵千古，端赖山林隐逸、骚人墨客为多。然非汉晋之世，朝宁砥砺名节，唐宋荐绅，通晓绘事，宣和、宣德宫闱之际，雅重丹青，则评骘品流，甄择优绌，无由审确。学者如牛毛，获之如麟角，庸史之多，一代之中，可千百计；而特出之士，百年千里，曾不数人。昔米南宫临晋唐书画，辄曰若见真迹，惭惶煞人。不实学之是务，而徒事声华标榜，以延誉于公卿之前，虽弋浮名，縻厚禄也，又奚益耶！

怎样才是一张好画

余喜习绘事，生长新安山水窟中，新安古称大好山水，至今韪之。顾古人言好山水尝曰：江山如画。"如画"之谓，正以天然山水，尚不如人之画也。画者深明于法之中，能超乎法之外，既可由功力所至，合其趣于天，又当补造物之偏，操其权于人，精诚摄之笔墨，剪裁成为格局，于是得为好画，传播于世。世之欲明真宰者，舍笔法、墨法、章法求之，奚可哉乎！

法乾，古今授受不易之道。石涛《语录》言：古人未立法以前，不知古人用何法；古人既立法以后，又使后人不能离其法。其曰我用我法者，既超乎法，而先深明于法者也。"法"字原从廌作灋。廌，兽名，性触邪，故法官之冠，取以为饰，与法为水名异，今省作法。本意法当如折狱之有律，所以判别邪正，昭示疑信也。自人各挟其私见，以评论是非，视朱成碧，取赝乱真，颠倒于悠悠之口者多矣。

人皆有爱好之心，宜先有审美之旨。艺术之至美者，莫如

第一辑 宾虹画语

画，以其传观远近，留存古今，与世共见也。小之状细事微物之情，大之辅政治教育之正，渐摩既久，可以感化气质，陶养性灵，致宇宙于和平，胥赖乎是。故人无贤否智愚、尊卑老少，莫不应有美术之观念。然美无止境，而术有不同，学者宜深致意焉。

世有朝市之画，有山林之画。院体细谨之作，重于貌似，而笔墨或偏。士夫荒率之为，得于神来，而理法有失。故鉴之者，于工笔必观其笔墨，于逸品兼求其理法。工于意而简于笔，遗其貌而取其神。用笔之妙，参于古人之理论，用墨之妙，审于名迹之真本。多读古书，多看名画，更须多求贤师益友，以证其异同，使习工细者，不入于俗媚，学简易者，不流于犷悍，渐积日久，不期于美而美在其中。否则专工涂泽，则无盐、嫫母，益见其媸，任情放诞，牛鬼蛇神，愈形其恶。彼盲昧者，徒惊其妖冶，诧为雄奇，堕五里雾中，沉九泉下，而不之悟，皆误认究本寻源为复古，用夷变夏为识时。因未求笔法、墨法、章法，致浪漫而无所归也。

必也师近人兼师古人，而师古人不若师造化。师其所长，而遗其所短，在精神不在面貌。夫而后为繁为简，各得其宜，或毁或誉，无关于己。若其自信有素，不欲为时俗所转移，昔庄叟谓宋元君画者，解衣般礴，旁若无人，是真画者，其知言哉！

水墨与黄金

　　昔李营丘师王维，倪云林师关仝，所画山水，皆以水墨，类多寒林平远，笔意简淡，谓为惜墨如金。汉魏六朝，绘画之事，设施五彩，尚用丹青。前汉杜陵人毛延寿，画人形丑好老少，必得其真。元帝尝使画工图后宫美人，按图召幸。诸宫人皆赂画工，独王嫱不肯。后匈奴求美人为阏氏，帝以王嫱行。及去召见，貌为后宫第一，帝乃穷案其事，延寿等皆弃市。汉兴，朝廷以经术饰吏治，张禹、公孙弘之徒，诈伪相承，流品卑下。当武帝时，陈皇后得幸颇妒，别在长门宫愁闷悲思。闻蜀郡成都司马相如天下工为文，奉黄金百斤，为相如文君取酒，因为解悲愁之辞。而相如为文，以悟主上，陈皇后复得亲幸。夫元帝诸宫人之赂画工，不过袭陈皇后故智耳。而司马相如之赋，与毛延寿之画，皆以文艺，如后人之得润金，初无彼此之别，其受赂同也。后汉崇尚气节，士夫多砥砺品行，故能廉介自守，以为名高。沿于晋室，其风犹有存者。晋陵顾恺之，义熙中为散骑常侍，博学有才气，丹青亦造其妙，笔法如春蚕吐丝，初见甚平易，且形似时或有失，细视之六法兼备。傅染以浓色微加点缀，不求晕饰，而俗传谓之三绝：画绝、痴绝、才绝。方时为谢安知名，以谓自生民以来，未之有也。《历代名画记》京师寺记云：兴宁中，瓦官寺初置，僧众设会，请朝贤鸣刹注疏。其时士大夫莫有过十万者。既至长康，直打刹注百万。长康素贫，众以为大言，后寺众请勾疏，长康曰：宜备一壁。遂闭户往来月余，日所画维摩一躯。工毕，将欲点眸子，乃谓寺僧曰：第一日观者请施十万，第二日可五万，第三日可任例责施。及开户，光照一寺，施者嗔咽，俄而得百万钱。当僧众请朝贤鸣刹注疏，犹今之募捐金钱。顾长康，字恺之，直打刹注百万，以素贫之人而为大言，亦犹汉高祖为亭长时，单父吕公客沛，令沛中豪杰吏皆往贺。萧何为吏主进，令诸大夫曰：进不满千钱，坐之堂下。高祖绐为谒者曰：贺钱万。实不持一钱。其傲慢之气，与此相类。惟高祖有其仪表，长康有其艺术，皆足以动众而无所诎。吕公能知高祖为非常人，寺僧能知长康为非常之画，其知遇同之。长康工毕点睛，俄致百万，佛教兴盛，艺事光昌，相得益彰，有固然已。由此六朝画壁，仙释人物山水鱼龙之作，师徒授受，优劣错综，郡邑之间，不可殚述。长安许道宁学李营丘画山水。营丘业儒属文，气调不凡，磊落有大志，因才命不偶，遂放意诗酒之间，寓兴作画，以自娱耳。适有显者招，得书愤笑，谓：吾儒生，游心艺事，奈何使人羁入戚里宾馆！研究丹粉，与史人同列，此戴逵之所以碎琴也。却使其不应，后显者阴以厚赂其相知，术取数幅焉。道宁初，以卖药都门，画山水聚观者，故早年所画恶俗。至中年脱去旧学，稍自检束，行笔简易，风度益著，至细微处始入妙理，评者谓得李营丘之气。画者不能多诵诗书，而惟相安于庸众，无论其胸次猥琐，见闻俗陋，难于脱除朝市、江湖之习。即令昕夕临摹真迹，亦徒拘形似，不得超于笔墨之外。所以唐宋以来，院画虽工，其营营于利禄者，皆不足观矣。

虽然，图画者，文字之余事。《隋书》：郑译拜上柱国，高颖为制，戏曰笔干，答曰：出为方伯杖策，言归不得一文，何以润笔？其后李邕、皇甫湜、白居易、饶介之，得润最巨。作画取润，当亦始于隋唐，而盛于宋元。宋南渡后，李唐初至杭，无所知者，货楮画以自给，日甚困。有中使识其笔，曰"待诏作也"，而唐之画，杭人即贵之。唐有诗曰："雪里烟村雨里滩，为之容易作之难；早知不入时人眼，多买胭脂画牡丹。"可知李唐多画水墨。至于流离颠沛，无复所之，卖画自给，殊可悯矣。元季吴仲圭，生时与盛懋同坐阓。懋画远近著闻，求者踵相接也。然仲圭之笔，绝不为人知，以坎坷终其身。《书画舫》言：今仲圭遗迹高者价值百千，懋图至废格不行。古今好尚不同，必俟久而论定如此。明初王冕画梅乞米，夏昶喜作竹石，求者无虚日，一一应之，得者宝藏。时为之语曰：太常一竿竹，西凉十锭金。海国兼金购求，声价已贵。姚公绶早年挂冠，优游泉石，画法吴仲圭，至□成图，或售于人，遂厚价返收之，以自见重。朱朗师文徵明，称入室弟子。时有金陵客寓于吴，遣童子送金币于朗，求作待诏召赝本。童子误送文宅，致主人求画之意，徵明笑而受之曰：我画真衡山，当假子朗可乎？一时传为笑谈。朱朗字子朗，徵明号衡山也。陈章侯画梅竹卷跋云：辛卯暮秋，老莲以一金得文衡山画幅，以示茂齐。茂齐爱之，便赠之。数日后，丁秋平之子病笃，老莲借茂齐一金，赠以资汤药。孟冬，老莲以博古页子饷茂齐。时邸中阙米，实无一文钱，便向茂齐乞米，茂齐遗我一金，恐坠市道，作此酬之，以矫夫世之取人之物，一如寄焉者。高士奇言：陈老莲不问生产，往往以笔墨周友之急。其所自跋可见。

一日，朋侪叙话，言间以何者为值最贵，或举珠宝，或指书籍。友云当以画中水墨为值最贵，如李营丘、倪云林画之简淡，费墨几何，其值可千百计。惟古之画者，自重其画，不妄予人，故价愈高，而世亦宝，非若近今作家，艺成而后，急于名利，恒多为大商巨贾目为投机之用。甘为人役，非求知音，虽致多金，奚足重焉！

山水画与《道德经》

　　昔人论作画曰读万卷书，蒙见以为画者读书宜莫先于《老子》。盖《道德经》为首，有合于画旨，《老子》为治世之书，而画亦非徒隐逸之事也。孔子适周，老子谓之曰：君子得其时则驾，不得其时则蓬累而行。古之画者始晋魏，六代之衰而有顾、陆、张、展，五季之乱而有荆、关、董、巨，元季有黄、吴、倪、王，明末有僧渐江、释石谿、石涛之伦，皆生当危乱，托志丹青，卒能以其艺术拯危救亡，致后世于郅隆之治，其用心足与《老子》同其旨趣，岂敢诬哉！

　　三代以前，以儒术治天下。汉兴，黄老之学始盛行，文景因之以致治。西汉之治，比隆三代。河上公注《道德经》，谓为五味辛甘不同，期于适口，麻丝凉燠不同，期于适体；学术见闻不同，要于适治。今夫天下所以不治者，贪残奢傲，吏不能皆良，民不能皆让，以及于乱。故画之高者恒多隐逸之士，一意孤行，不屑睇荣希宠，甘自蹈于林泉，固殊于庸众，其人之高风高节，往往足与忠义抗衡，而学术之正，又得秉经酌

第一辑　宾虹画语

雅，发扬豪翰，如诸子之有功圣经。是以一代之兴衰，视乎文化之高下；艺术之优绌，由于品格之清俗。图画者，文字之绪余，工艺之肇始，有关学术、政治，非泛泛也。

《宣和画谱》言：司马迁叙史，先黄老而后六经，议者纷然。及观扬雄书，谓六经济乎道者也，乃知史迁之论为可传。汉兴，张良学《老子》，多阴谋，邵康节特称老子得《易》之体，留侯得《易》之用。不知萧何收秦图籍，已开叔孙通定《礼》、公孙弘治《经》之先，黄老之学已与刑名并盛。画家首重理法。惟去理法而臻于自然者，可以为道。行道而有得于心谓之德。太上立德，其次立功，其次立言，是三不朽。《老子》，古今不朽之书，画亦古今不朽之业。

大凡游览山水，一丘一壑，足迹所经，必先考其志乘，详其遗轶，诗词之歌咏，人物之荟萃，而后有味乎山水之美景，得形之图画，以为赏鉴而永其传。否则山水与图画皆非灵活，虽游览，亦同勉强，不特此也。以山水之心读古人之书，悟文理之妙，有如明太祖云：观《道德经》中尽皆明理，其文浅而旨奥。见本经云：民不畏死，奈何以死惧之！当是时，天下初定，民顽吏弊，虽朝有十人而弃市，暮有百人而仍为之。如此者，岂不应《经》之所云，因罢极刑。复睹其文之行用，谓若浓云霭群山之叠嶂，外虚而内实，貌态仿佛其境；又不然，架空谷以秀奇峰，使昔有巍峦，倏然成于幽壑；又若皓月之沉澄渊，镜中之睹实象，虽形体之如，然探亲不可得而扪抚。是论《道德经》，直谓之论画可也。清世祖序《老子》云：非虚无寂灭之道，亦非权谋术数之学。故其注中所阐明者，皆人事常经。说者谓由睿鉴宏通，包涵万有，随在可以观理，非过谀也。故尚自然。方今人欲横流，道义沦丧，偶有訾诋。辄动兵戈，人民流离，血膏原野，时将救死扶伤不暇，更何学术之可言。然西邦人士，自欧战以后，渐悟争夺之不可以久长，因有东方文化之倾向。吾国学者，鉴于外侮迭乘，国学凌替，咸思有以振兴而董理之，遗其糟粕而尚精华，去其淫摭而趋雅正。故夫浚发性灵，顺应物理，行之永远，其可予人永久欣幸者，宜莫文字与图画若已。图画非文字不详，文字非图画不显。然而世俗之所谓图画者，不过宫室人物之美丽，卉木鸟兽之鲜妍，徒足增益侈靡贪戾之观瞻，而不能为藏息优游之涵养。此人心世道之忧也。夫惟存止足之思，极冲虚之气，行藏无与于己，毁誉可听之人。古之画者，其庶几乎？澄怀观化，少私寡欲，故曰返淳朴，非虚言也。本斯旨也，养身安民，推而行之，谓道极之于玄则曰无。

《老子》首言体道，曰：道可道，非常道。名可名，非常名。道本归自然，名亦未可强求。画以羽翼经传，辅助政教，其来已旧。《周礼·冬官》：画绘之事，杂五色以为设色之工。于是丹青一道，设官分职。郑司农云：画天随四时色，火以圜，山以章，水以龙鸟善蛇，杂四时五色之位以章之，谓之巧。凡布采之次第，皆循途径，若道路然，莫不各有方位之可言，所谓"道可道"者是也。虽然，此特言画工之画耳。自南齐谢赫云：画有六法，一曰气韵生动，二曰骨法用笔，三曰应物象形，四曰随类赋彩，五曰经营位置，六曰传移模写，是为画称六法之始。唐张彦远论画六法曰：古之画，或遗其形似，而尚其骨气。以形似之外求其画，此难与俗人道也。今之画纵得形似，而气韵不生。以气韵求其画，则形似在其间矣。论者往往以气韵为难言。离气韵而谈画法，即是呆法。守其呆法，循其轨辙，亦步亦趋，终成庸夫。五代荆浩《画山水录》云：气者，心随笔运，取象不惑；韵者，隐迹立形，备遗不俗。故曰造化之神秀，阴阳之明晦，万里之远，可得于咫尺间。非其胸中具有丘壑，发而见诸形容，未必知此。自唐至宋，以山水画得名者，类非画家者流。董其昌《画旨》言气韵不可画，此生而知之，自然天授。然亦有学而得处，读万卷书，行万里路，胸中脱去尘俗，自然丘壑内营，成立郛郭，随手写出，皆为山水传神。因以气韵生动，全属性灵，绘画之事，归于士习。其人为逸才隐遁之流，名卿高蹈之士，悟空识性，明了烛物，得其趣于山水者之所作也。

梁陶弘景画品超迈，笔法清真，鉴者谓惟南阳宗少文、范阳卢鸿一，其遗迹名世，差堪鼎足。南宗之画，自唐王右丞始分。其后五代北宋董源、巨然、李成、范宽为嫡子，李龙眠、王晋卿、米南宫及虎儿，皆从董、巨得来。直至元四家黄子久、吴仲圭、倪元镇、王叔明，皆其正传。明代文徵仲、沈石田，则又远接衣钵。后世因疑气韵专属南宗，而以北宋目为匠派，不知古人所谓书卷气，不以写意、工致论，要在乎雅俗之分耳。不善学者，学王石谷，易有朝市气，学僧石涛，易有江湖气，而况急于求名，近名即俗。唐宋以上，画不书名，而名常存；元明之人，生前无名，而名以永。清俞曲园著《诸子评议》，谓《老子·体道篇》非常道、非常名之常，常，古与尚通。尚者，上也。《道德经》言德上德不德，即其旨也。

《老子》言：常无欲以观其妙，常有欲以观其徼。宋司马温公、王荆公读《老子》，并于无字有字为绝句。常字依上文当作尚，下云此两者同出而异名，同谓之玄，正承有、无二义而言。若以无欲、有欲作连读，既有欲矣，岂得谓之玄乎！有无云者，即画家分虚实之谓也。天地初开，万物化生，自色自形，总总林林，皆莫得而名也。画树木者曰某单夹点叶，画山石者曰某横直皴纹，初不必名其为何树何山，故曰无名。天地之始，有名万物之母，山实则应之以云烟，山虚则实之以楼阁，自无而有，自有而无。此虚实之间，有笔法，有墨法，有章法。实处易，而虚处难。用实之处，尚可以功力造之，凭虚之处，非可以摹拟为之。丈山尺树，寸马豆人，远人无目，远树无枝，远山无石，远水无波，善用虚也。山腰云塞，石壁泉塞，楼台树塞，道路人塞，善用实也。无虚非实，无实非虚；虚者自虚，而实者非实。故曰：有之以为利，无之以为用。老子以无为宗，是谓无状之状，无物之象，是为惚恍。道之为物，惟恍惟惚。惚兮恍兮，其中有象；惚兮恍兮，其中有物。笔者，虽依法则，运转变通，不质不形，如飞如动。墨者，高低晕淡，品物浅深，文采自然，似非因笔。夫而后笔中有墨，墨中有笔，丹青隐墨墨隐水。笔笔是笔，即笔笔是墨。昔观董北苑画者，近只见其笔墨之流动酣畅，远而望之，则林木之远近，冈峦之重叠，其中村落，映掩浮岚夕照间，半阴半阳，无不毕露。不言章法，而章法自无不妙，与道同归自然，此其所以为神耳。

宋董逌论画，言明皇思嘉陵江山水，命吴道玄进，嘉陵江三百里，一日而尽，远近可尺寸许也。评之者言天地生物，特一气运化耳，其功用与物推移，故能成于自然。考吴道子所画多水墨，笔法超妙，为百代画圣，行笔磊落挥霍如莼菜条，殆又悟老子所谓五色令人目盲，因思知其白、守其黑者耶！不然，何与世之晕形布色、求物比似者，其不相侔若此。非其神明于画，知求于造物之先，凡赋形出象，发于生意，而能得之自然乎！

文字书画之新证

　　中西学术沟通，近数十年，中国文物发现前古，裨益世界文化，不为不多。有如洹水甲骨，西陲简牍，以及周秦汉魏匋瓦髹漆、泉币古印，六朝三唐写经佛像、书画杂器，椎拓影印，工技精良。欧美学者，若法兰西之拉克伯里，著解《易经》，有《说离卦》；近人刘氏师培试用其例，以解坤、屯二卦，著《小学发微》。英吉利之考龄，美利坚之查尔，所得甲骨文字残片，藏于英美博物院；坎拿大之明义士，有自述篇文。海外名人辈起，一时中国硕儒俊彦，若孙诒让、罗振玉、王国维、郭沫若诸氏，俱多著作，先后响应，班班可考，何其盛也。文字图画，初非有二，六艺之中，分言书数，支流派别，实为同源。金文亚形，阳款阴识，古之国旅，今称图腾。玺印出土，文字繁多，书画错综，合于一器，诙奇玮异，不减卜辞。蝌蚪虫鱼，实侔孔壁，经传诸子，可资佐证，前人未睹，诚为缺憾。昔谓蛮夷，亦言戎殷，方国都邑，逐易

第一辑　宾虹画语

姓氏，垂诸后世，有迹可寻，似宜绅绎，广为传古。春秋战国，此数百年，关系学术，尤属重要。文艺流美，非徒见三代图画而已。

夏禹九鼎，图形魑魅；屈原《天问》，画壁祠堂；老庄告退，山水方滋；苏、米以来，士夫甚盛。分朝、夕、午三时山，即欧画之言光线焦点，犹中国画之论笔墨。米虎儿笔力扛鼎，作《突鹘图》；黄大痴墨法华滋，烟云供养，无非心师造化，寄情毫素，不屑巧合时趋，求悦俗目也。

古之论画者，必超然物外，称为逸品。作画言理法，已非上乘，故曰"从门入者，不是家珍"。画者处处护法门，竭毕生之力，兀兀穷年，极意细谨，临摹逼真，不过一画工耳。唐宋以前，上溯三代，古之君相，至卿大夫，莫不推崇技能，深明六艺。道形而上，艺成而下。学者志道据德，依仁游艺，通古而不泥古，非徒拘守矩矱，致为艺事所缚束，人人得其性灵之趣，无矫揉造作之讥。韩非子言画筴者，其虚空之外望之如成龙蛇。庄子云：宋元君画者，解衣般礴，旁若无人。其气概自异于庸常。而上焉者，好善而忘势，下焉者，安贫而乐道，岂不懿欤！未易几也。

虽然，艺术特出之人才，尤多造就于世运颠连之际，而非成于世宇全盛之时。唐之天宝，王维、李思训、吴道子，皆杰起之大家，五季有荆、关、董、巨，元季有倪、吴、黄、王，明代启、祯忠节高隐之士，实繁有徒。清室咸同，金石学盛，画事中兴，名贤辈出，垂誉艺林，后先济美。今之学者，虽际时艰，宜加奋发。况乎画传、画评、画考诸书，著作如林，肤杂滥竽，恒多偏毗，舛谬相仍，亟应纠正。邪甜俗赖，趋向末端。直谅多闻，集思广益，尤望博雅君子，儒林文人，进而教之，归于一是。将见崎光异彩，照耀今古，继往开来，振兴邦国而无难已，可不勉哉！

第一辑　宾虹画语

改良国画问题之检讨

一、自来祊豹祥羊，假借读《易》，驺虞麟趾，比兴言《诗》。《易》先以图，《诗》中有画。图画之作，文极至也。合乎时代命题，宜如赵武灵王胡服，吴宫中教美人战等目，务期臻于古雅。否则胸无书卷，意少涵蓄，则必不衫不履，搬东移西，一切恶态怪状之物阑入其间，便失中国原有画之宗旨，望之令人生厌，求如白话之通俗，电影之近情，尚不易得。曩见故宫南迁画卷，一庸史作《清明上河图》，所绘汴梁景物之盛，仕宦臣僚，农工商贾，城垣宫室，器用咸备，后赘新式洋枪队一班，蛇足岂不可笑！

二、画有六法，三曰应物写形，四曰随类赋采。作中国画，取材时下景物，原无不可。唐画分十三科，山水为首，界画打底。赵松雪诫其子雍留意习界画。当时父子皆以画马称第一，值戎马仓皇之际，沦材厩肆，其笔墨因为贵族所赞赏。画法古雅，宗尚唐宋，柯九思称其从韦偃《暮江五马图》、裴宽《小马图》得来，心慕手追，不期而至，故能冠绝古今，留传后世。

三、人物写真，本有中国古法。唐宋画家注重人物，元明高手尚遵法度。杜甫诗曰"每逢佳士必写真"，又曰"不貌寻常行路人"，古人极意避免恶俗，先从理法入手，绝不含糊。

四、艺专学校，画重写生，虽是油画，法应如此。中国画论：师古人不若师造化。换言之，临摹古人不如写生之高品。然非谓写生可以推翻古人。舍临摹而不为，妄意写生，非成邪魔不可。鄙见学校教授国画，应分三期，练习方法，为合正轨，以研究笔法、墨法。先习人物，继习花鸟。人物分游丝、铁线、大小兰叶三种，练习笔法；花鸟分双钩、没骨、钩花点叶三种，练习笔法兼墨法为一期。以参考历代古画变迁，及各家造诣得失，选择临摹，备存蓝本为二期。遍览古今评论，博采天地人物自然景次，变通古人陈迹，务不失其精神，兼习山水为第三期。毕业之后，方合应用精益求精之法，不致入于歧途。空谈写生，必无实效。

五、古来图画命题校士，详于史乘，不可枚举。今所及见，类多后世景慕前贤功烈文采，或观于本传，或得之传闻，写其景物，拟其形容，不必皆为当日目睹。亦有因地系事、见物怀人者。如洛阳都邑，花盛牡丹，衡岳湘流，秀钟斑竹，即画牡丹一枝，斑竹数竿，可以表现古今人物轶事。况有文人题咏，名士书跋，慷慨而谈，淋漓尽致，何事沾滞迹象，描摹状态，鄙俚恶俗，见之作呕为也。

六、中国相传，原有画古不画今之说。画古者，有历史文字，耐人寻味。唐宋衣冠，已为往事，不置是非，兼可观今鉴古，时妆服饰，易生误会，正避嫌疑，非徒雅俗之别。

七、人物仕女，古人粉本，谱录记载，盈千累百，公私收藏，长卷巨册，直幅横帧，其中语言謦笑，端庄流利，顾盼生姿，原无不备。海外请邦，博物、美术诸馆林立，参考咸备。

八、画称新派，近代名词。从古至今，名家辈起，救弊扶偏，无时不变，温故知新，非同泥古。徐、高诸君，皆鄙人旧交，赵少昂从高氏游，称为后起，前十年中，时有往还。发扬国光，勤劬艺术，热忱毅力，俱属可佩。悲鸿归国，自变作风。曾经南来聘余为北平艺专学校国画主任，因事未往，忽忽将二十年。剑父、奇峰昆季，当民初前，招余襄力《真相画报》，附有拙笔。奇峰所作翎毛走兽，穷极工丽，时誉称为画圣。剑父屡渡东瀛，潜研画旨。一日，自粤顾余沪上，自言到此未访他友，拟即乘舶而东，返须年余，求精画境。一别而去，去仅兼旬而返。余异而问之，乃徐徐言，曰：而今专心研求中国古画矣！述其东渡访旧，言明来意，友引之登楼，令观古名画，皆中国明代李流芳、查士标真迹，一一为之指导，且云：我辈略师其法，已得盛名，子盍归而求之，当有胜于此者。遂感其言信不我欺而返。因与纵观沪友诸收藏，数日而归。越数年，余游粤访之，见其以"艺术救国"书四大字，榜于门楣。旋又得其自印度来书，犹津津乐道，表扬国画也。然观其所得意之作，自称折中派，而海外诸邦论中国画者尚纯粹而不杂，岂所谓画有民族性者非耶？

九、中国名画永远不灭之精神，本原于言语、文字。若废国画，必先废语言、文字而后可。今寰海之通中国语言、文字者，日见甚多，古代金石碑版、经史子集、艺术谱录诸书，搜购多方，不遗余力；通儒著述，往往有中邦士于未易窥测者，而研求绘画，披却导款，不为皮相。当此战争时代，犹事兼收博采而未有已，以为邦国政教之盛衰，视乎文艺程度之升降，将有以抉择而补益之。画学不明，而求通语言、文字，此之谓不知本。近世章太炎、刘申叔类能言之，然未可为不学者道也。

十、天下古今，可宝贵者，一曰难得，一曰难能。三坟五典，八索九丘，大训赤刀，天球河图，今不可见。古金石款识，碑帖书画，皆先哲精诚之所系，放弃者不易追求，此难得者也。道德学问，气节文章，哲理名言，艺术工巧，尤国家民脉所存，浅尝者非可深造，此难能者也。不患莫己知者，求其所可知。相如恨不同时，扬云期于后世，俯仰兴怀，当无以异。沈石田诗：天涯莫怪无知己。释石涛言：不爱清湘不可怜。学者立志之坚，自信之深，古之视今，犹今视昔，勉其未至，夫复奚疑！

国画之民学

——八月十五日在上海美术茶会讲词

我国号称"中华民国"，现在又为民主时代，所以说："民为邦本"。今天我便同诸位谈谈"国画之民学"。所谓"民学"，乃是对"君学"以及"宗教"而言。

在最早的时候，绘画以宗教画居多，如汉魏六朝以及唐宋画的圣贤仙释，绘画的人多少要受宗教的暗示或束缚，不能自由选择题材。在宗教画以前，也大半都是神话图画。如舜目重瞳、伏羲蛇身之类。再后，君学统治一切，绘画必须为宗庙朝廷之服务，以为政治作宣扬，又有旗帜衣冠上的绘彩，后来的朝臣院体画之类。

群学自黄帝起，以至于三代；民学则自东周孔子时代始。在商朝的时候，君位在于传贤，不乏仁圣之君；西周一变而为传子，封建制度成立。自后天子诸侯叔侄兄弟之间，觊觎君位，便战乱相寻，几无宁日。春秋战国时代，封建破坏，诸子百家著书之说，竞相辩难，遂有了各人自己的学说，成为大观。要之三代而上，君相有学，道在君相；三代而下，君相失学，道在师儒。自后文气勃兴，学问便不为贵族所独有。师儒们传道设教，人民乃有自由学习和自由发挥言论的机会权力。这种精神，便是民学的精神，其结果遂造成中国文化史上最光辉灿烂的一页。诸如农田水利，通工易事，居商行贾，九流总计，都有所发明和很大的进展。这些除已见于经籍记载以外，从出土的铜器、陶器、兵器上的古文字，也都有确切的证据。

中国艺术本是无不相通的。先有金石雕刻，后有绢纸笔墨。书与画也是一本同源，理法一贯。虽音乐博弈，也有与图画相通之处。六朝宗少文氏，曾经遨游五岳，归来即将所见山水，绘于四壁，俨如置身于山水之间，时或抚琴震弦，竟能够使那墙壁上的山水，也自铮然有声，所谓"抚琴动操，欲令众山皆响"，音乐和图画便完全融合在一起了。宗氏自称卧游，后来人所说的"卧游"便是本此。张大风论博弈，他说：善弈者落落初布数子，而全局已定，即画家之位置骨法，这又是博弈与绘画相通的地方。

春秋时孔子论画，《论语》所记"宰予昼寝"，其实为"画寝"之误。昼与画本易混淆，便为宋人所误。"宰予画寝"，乃是宰予要在他的寝室四壁绘上图画，但因房子破旧，不甚相宜，孔子见到，就认为是"朽木不可雕也，粪土之墙不可污也"，劝他不必把图画绘在那样不堪的地方。假如仍然照"昼寝"解释，以宰予既为孔门弟子之贤，何至于如此不济？或者仅仅一下午之睡而已，老夫子又何至于立即斥之为"朽木"、"粪土"呢？未免太不在情理了。

又如孔子所说的"绘事后素"，也是讲绘画方法的。宋人解释为先有素而后有绘，以为彩色还在素绢之后。这也是一种误解。实际上那时代有色的绢居多，而且没有纯白色的绢，后来直到唐代，纸都还是淡黄色。"绘事后素"的意思，乃是先绘彩色，然后再加上一种白粉，这和西洋画法相同，日本画也是如此。

中国除了儒家而外，还有道家、佛家的传说，对于绘画自各有其影响。孔孟讲现在，老子讲未来，佛家讲过去和未来。比较起来，中国画受老子的影响大。老子是一个讲民学的人，他反对帝王，主张无为而治，也就是让大家自由发展的意思。他说："圣人法地，地法天，天法道，道法自然。"圣人是种聪明的人，也得法乎自然的。自然就是法。中国画讲师法造化，即是此意。欧美以自然为美，同出一理。不过，就作画讲，有法业已低了一格，要透过法而没有法，不可拘于法，要得无法之法，方有天趣，然后就可以出神入化了。

近代中国在科学上虽然落后，但我们向来不主张以物胜人。物质文明将来总有破产的一天，而中华民族所赖以生存，历久不灭的，正是精神文明。艺术便是精神文明的结晶，现时世界所染的病症，也正是精神文明衰落的原因。要拯救世界，必须从此着手。所以，欧美人近来对于中国艺术渐为注意，我们也应该趁此努力才是。

这里，我讲讲某欧洲女士来到中国研究中国画的故事。她研究中国画的理论，并有著作在商务印书馆山版。在她未到中国以前，曾经先到欧洲各国的博物馆，看遍了各国所存的中国画，然后来到中国，希望能够看到更重要的东西。于是先到北京看古画，看过古宫画之后，经人介绍，又看了北京画家的收藏，然后回到上海，又得机会看过一位闻人的收藏。结果，她表示并不满意，她还没有看到她想看的东西。原来她所要看的画，是要能够代表中华民族的画，是民学的；而她所见到的，则以宫廷院体画居多，没有看到真正民间的画。这些画和她研究的中国画的理论，不甚符合，所以，她不能表示满意。从这个故事里，我们可以看出欧美人努力的方向，而同时也正是我们自己应该特别致力的地方。

当我在北京的时候，一次另外一位欧美人去访问我，曾经谈起"美术"两个字来。我问他什么东西最美，他说不齐弧三角最美。这是很有道理的。我们知道桌子是方的，茶杯是圆的，它们很实用，但因为是人工做的，方就止于方，圆就止于圆，没有变化，所以谈不上美。凡是天生的东西，没有绝对方或圆，拆开来看，都是由许多不齐的弧三角合成的。三角的形状多，变化大，所以美；一个整整齐齐的三角形，也不会美。天生的东西绝不会都是整齐的，所以要不齐，要不齐之齐，齐而不齐，才是美。《易》云：可观莫如木。树木的花叶枝干，正合以上所说的标准，所以可观。这在中国很早的时候，便有这种认识了。

君学重在外表，在于迎合人。民学重在精神，在于发挥自己。所以，君学的美术，只讲外表整齐好看，民学则在骨子里求精神的美，涵而不露，才有深长的意味。就字来说，大篆外表不齐，而骨子里有精神，齐在骨子里。自秦始皇以后，一变而为小篆，外表齐了，却失掉了骨子里的精神。西汉的无波隶，外表也是不齐，却有一种内在的美。经王莽之后，东汉时改成有波隶，又只讲外表的整齐。六朝字外表不求其整齐，所以六朝字美。唐太宗以后又一变而为整齐的外表了。藉着此等变化，正可以看出君学与民学的分别。

近几十年来，我们出土的东西实在不少，这些东西都是前人所不曾见到过的，也可以说我们生在后世的人，最为幸福。有些出土的东西，如带钩、铜镜之类，上面都有极美极复杂的图案画。日本人曾将这些图案加以分析，著有专书，每一个图案，都可以分析出多少层不同的几何图形来，欧美人见了也大为惊服。大体中国图画文字在六国时代，最为发达，到汉朝以后就完全两样了，大多死守书本，即有著作，也都是东抄西抄，很少自辟蹊径。日本人没有什么成就，也就在于缺乏自己的东西，跟在人家后面跑。现在我们应该自己站起来，发扬我们民学的精神，向世界伸开臂膀，准备着和任何来者握手！

最后，还希望我们自己的精神先要一致，将来的世界，一定无所谓中画西画之别的。各人作品尽有不同，精神都是一致的。正如各人穿衣，虽有长短、大小、颜色、质料的不同，而其穿衣服的意义，都毫无一点差别。愿大家多多研究，如果我有什么新的消息或新的意见，也很愿意随时报告。

第二辑

画学讲义

黄宾虹

自述

画　谈

绪　论

　　古有三不朽：立德、立功、立言。中国言成德，欧人言成功；阐明德性者，东方之艺事，矜尚功利者，西方之艺事；意旨不同，而持论异矣。孔子曰：士志于道，据于德，依于仁，游于艺。道德依归于仁，仁者爱人，一艺之微，极于高深，可进乎道，皆足济世。图画肇始，原以羽翼经传，辅助政教，法至良，意至美也。支分流派，至有山水人物花鸟虫鱼诸类；一类之中，又有士习、院体，以及江湖、市井技能之攸异。其上者，足以廉顽立懦，感发清介绝俗之精神；其下者，仅以娱情悦目，引起华侈无厌之嗜欲。遵循日久，相习成风。正如歌曲郢中下里巴人，和之者众，而引商刻羽，杂以流徵者，乃以知稀为贵而已。浅根薄植之子，漫不加察，遂以画为无用之事，不急之务，甚或等视佣书，倡优并蓄。无惑乎人格日益卑，文化日益落，荼疲委靡，势将一蹶不可复振矣。近者欧风东渐，

第二辑　画学讲义

西方文化之显著者，为拉丁族之靡曼，与条顿族之强厉，二者皆至罗马而完熟，其画风可以表现之。或称基督教，即以同情结合欧人，而救罗马之弊，卒与罗马国家相混合。究之东西文化之异点，视生活状态、社会组织而分动静。中国国家得千万知足安乐之人民，维持其间，常处于静。古来画者，多重人品学问，不汲汲于名利，进德修业，明其道不计其功。虽其生平身安淡泊，寂寂无闻，遁世不见知而不悔。旷代之人，得瞻遗迹，望风怀想，景仰高山，往往改移俗化，不难骎骎而几于至道。所以古人作画，必崇士夫，以其蓄道德，能文章，读书余暇，寄情于画，笔墨之际，无非生机，有自然而无勉强也。书画同源；言画法者，先明书法。书法之初，肇于自然。仰观天文，俯法地理，视鸟兽之迹，与土之宜，近取诸身，远取诸物，画卦结绳，至造书契，依类象形，因谓之文。文者，物象之本，以目治也。画之为用，全以目治。而古今相传，凭于口授，笔法、墨法、章法三者，心领神悟，闻见宜广，练习宜勤，翰墨功多，庶几有得。元明以上，士夫之家，咸富收藏，莫不晓画，文人余暇，恒讲习之。明季有木刻杨尔曾之《图绘宗彝》、李笠翁之《芥子园》、胡曰从之《十竹斋》诸画谱行世，摹仿简易，而口授之缺诀。清张浦山《画徵录》、彭蕴璨《画史汇传》、蒋宝龄《墨林今话》诸书盛行，工拙不论，而轻躁之习滋。近世点石、缩金、珞珂、锌版杂出，真赝混淆，而学古之事尽废。令欲明画事之优劣，考艺林之得失，非可以偏私之见、耳目之近求之。必详稽于载籍，实征诸古迹，而自有其千古不变之精神，与历久不刊之论说。兹择其要，可得言焉。

用笔之法有五

一曰：平。古称执笔必贵悬腕，三指撮管，不高不低，指与腕平，腕与肘平，肘与臂平，全身之力，运之于臂，由臂使指，用力平均，书法所谓如锥画沙是也。起讫分明，笔笔送到，无柔弱处，才可为平。平非板实，如木削成，有波有折。其腕本平，笔之不平，因于得势，乃见生动。细漪洪涛，漩涡悬瀑，千变万化，及澄静时，复平如镜，水之常也。

二曰：圆。画笔勾勒，如字横直，自左至右，勒与横同；自右至左，钩与直同。起笔用锋，收笔回转，篆法起讫，首尾衔接，隶体更变，章草右转，二王右收，势取全圆，即同勾勒。书法无往不复，无垂不缩，所谓如折钗股，圆之法也。日月星云，山川草木，圆之为形，本于自然。否则僵直枯燥，妄生圭角，率意纵横，全无弯曲，乃是大病。

三曰：留。笔有回顾，上下映带，凝神静虑，不疾不徐。善射者，盘马弯弓，引而不发；善书者，笔欲向右，势先逆左，笔欲向左，势必逆右。算术中之积点成线，即书法如屋漏痕也。用笔侧锋，成锯齿形。用笔中锋，成剑脊形。李后主作金错刀书，善用颤笔；颜鲁公书透纸背，停笔迟涩，是其留也。不涩则险劲之状，无由而生；太流则便成浮滑。笔贵遒劲，书画皆然。

四曰：重。重非重浊，亦非重滞。米虎儿笔力能扛鼎，王麓台笔下金刚杵，点必如高山坠石，努必如弩发万钧。金，至重也，而取其柔；铁，至重也，而取其秀。要必举重若轻，虽细亦重，而后能天马行空，神龙变化，不至有笨伯痴肥之诮。善浑脱者，含刚劲于婀娜，化板滞为轻灵，倪云林、恽南田画笔如不着纸，成水上飘，其实粗而不恶，肥而能润，元气淋漓，大力包举，斯之谓也。

五曰：变。李阳冰论篆书云：点不变谓之布棋，画不变谓之布算。氵点为水，灬点为火，必有左右回顾、上下呼应之势，而成自然。故山水之环抱，树石之交互，人物之倾向，形状万变，互相回顾，莫不有情。于融洽求分明，有繁简无淆杂，知白守黑，推陈出新，如岁序之有四时，泉流之出众壑，运行无已，而不易其常。道形而上，艺成而下。艺虽万变，而道不变，其以此也。

以上略举古人练习用笔之法。笔法成功，皆由平日研求金石、碑帖、文词、法书而出。画有大家，有名家。大家落笔，寥寥无几；名家数十百笔，不能得其一笔；名家数十百笔，庸史不能得其一笔，而大名家绝无庸史之笔乱杂其中，有断然者。所谓大家无一笔弱笔是也。练习诸法，成一笔画。一笔如此，千万笔无不如此。一笔之中，起片用盘旋之势，落下笔锋，锋有八面方向。书家谓为起乾终巽，以八卦方位代之。落纸之后，虽一小点，运以全身之力，绝不放松，譬如狮子搏兔，亦用全力。笔在纸上，当视为昆吾刀切玉，锋芒铦利，非良工辛苦，不能浅雕深刻。纵笔所成，圆转如意，笔中有一波三折，成为飞白。飞白之处，细或如沙，粗或如石。黄山谷论宋画皴法，如虫啮木，自然成文。赵子昂题画诗云：石如飞由木如籀，六法全于八法通。飞白自然，纯在笔力；力有不足，间若飞白，成败絮形，即是弱笔，切不可取。收笔提起，向上回转，书法谓之蚕尾，又称硬断。笔有顺逆，法用循环，起承转合，始成一笔。由一笔起，积千万笔，仍是一笔。古有一笔书。晋宋之时，宗炳作一笔画。古诗"浩浩汗汗一笔耕"，画千万笔，一气而成，虽极变化，笔法如一，谓之一笔画。法备气至，乃合成家。古云：宋人千笔万笔，无笔不简；元人三笔两笔，无笔不繁。简则其法不加多，繁则其法不加少。繁固难，简则更难。知繁与简，在笔法尤在笔力。离于法，无以尽用笔之妙；拘于法，亦不能全用笔之神。得兔忘蹄，得鱼忘筌，深明乎法之中，超轶乎法之外。是必多读古人论画之书，多见名人真迹，朝夕熟习，寒暑无间，学之有成；而后遍游名山大川，以极其变，发古人所未发，为庸史不能为。笔法既娴，可言墨法。

古人墨法妙于用水。水墨神化，仍在笔力；笔力有亏，墨无光彩。古先画用五彩，号为丹青。虞廷作绘，以五彩章施于五色，是为丹青之始。《周官》：画缋之事，杂五色后素功。汉鲁灵光殿画，托之丹青，随色象类。魏则丹青炳焕，特有温室。晋则采漆画轮，油画紫绀。梁元帝《山水松石格》始称破墨，异于丹青。水墨之始，兴于六朝，艺事进步，妙逾丹青，有可知已。又曰：高墨犹绿，下墨犹赪。山水之画，有设色者，峰峦多绿，沙石皆赭。此言用墨之法，当如丹青，分其高下，以明坳突。唐王维《山水诀》言：画道之中，水墨为上：手亲笔砚之余，有时游戏三味，岁月遥永，颇探幽微。由是李成、郭熙、苏轼、米芾，画论墨法，渐臻该备，迄元季四家黄公望、倪瓒、王蒙、吴镇，师法董元、巨然，山川浑厚，草木

第二辑　画学讲义

华滋，画学正传，各极其妙，有古以来，蔑以加矣。综观古今名画，恒多墨戏，烟云变幻，气韵天成，人工精到，不可思议，约而举之，有足观焉。

用墨之法有七

一、浓墨法。宋晁说之《墨经》言：古人用墨，多自制造，故匠氏不显。自唐五季易水实氏、歙州李氏，至宋元明，墨工益盛。何薳《墨记》言：潭州胡景纯专取桐油烧烟，名桐花烟，每磨研间，其光可鉴，画工宝之，以点目瞳子如点漆云。明万年少言：古人用墨，必择精品，盖不特藉美于今，更蕴传美于后。晋唐之书，宋元之书，皆传数百年，墨色如漆，神气赖此以全。若墨之下者，用浓见水则沁散湮汙。唐宋书多用浓墨，神气尤足。

二、淡墨法。墨瀋瀋淡，浅深得宜，雨夜昏蒙，烟晨隐约，画无笔迹，是谓墨妙。元王思善论用墨言：淡墨六七加而成深，虽在生纸，墨色亦滋润。可知淡墨重叠，渲染斡皴，墨法之妙，仍归用笔，先从淡起，可改可救。后人误会，笔法寝衰，良可胜叹。

三、破墨法。宋韩纯全论画石，贵要雄奇磊落，落墨坚实，凹深凸浅，乃为破墨之功。元代商琦喜画山水，得破墨法。画用破墨，始自六朝，下逮宋元，诗词歌咏，时有言及之者。近百年来，古法尽弃，学画之子，知之尤尠。画先淡墨，破以浓墨；亦有先用浓墨，以淡墨破之，如花卉钩筋，石坡加草，以浓破淡，今仍有之。浓以淡破，无取法者，失传久矣。

四、泼墨法。唐之王洽泼墨成画，情尤嗜酒，多敖放于江湖间，每欲作图，必沉酣之后，解衣般礴，先以墨泼幛上，因其形似，或为山石，或为林泉，自然天成，不见墨污之迹。盖能脱去笔墨畦町，自成一种意度。南宋马远、夏珪，得其髣髴须。然笔法有失，即成野狐禅一派，不入赏鉴。学董、巨、二米者，多于远山浅屿，用泼墨法。或加以胶，即无足观。

五、渍墨法。山水树石，有大浑点、圆笔点、侧笔点、胡椒点，古人多用渍墨。精笔法者，苍润可喜，否则侏儒臃肿，成为墨猪，恶俗可憎，识者不取。元四家中，惟梅道人得渍墨法，力追巨然；明文徵明、查士标晚年多师其意，余颇寥寥。

六、焦墨法。于浓墨、淡墨之间，运以渴笔，古人称为"干裂秋风，润含春雨"，视若枯燥，意极华滋。明垢道人独为擅长。后之学者，僵直枯槁，全无生趣；或用干擦，尤为悖谬。画家用焦墨，特取其界限，不足尽焦墨之长也。

七、宿墨法。近时学画之士，务先洗涤笔砚，研取新墨，方得鲜明。古人作画，往往于文词书法之余，漫兴挥洒，殊非率尔，所谓惜墨如金，即不欲浪费笔墨者也。画用宿墨，其胸次必先有寂静高洁之观，而后以幽淡天真出之。睹其画者，自觉躁释矜平。墨中虽有渣滓之留存，视之恍如青绿设色，但知其古厚，而忘为石质之粗粝。此境倪迂而后，惟渐江僧得兹神趣，未可语于修饰为工者也。

章法因创之大旨

章法有因有创，创者固难，而因亦不易。语曰：师今人不若师古人；师古人不若师造化。师承授受，学有所本，虽或变迁，未可言创，必也拯时救弊，力挽狂澜，不肯随波逐流，以阿世俗，乃为可贵。故凡命图新者，用笔当入古法；图名旧者，用笔当出新意。画之章法，重在笔墨；章法屡改，笔墨不移。不移者精神，而屡改者面貌。昔九方皋相马，能知其为千里者，以赏识于牝牡骊黄之外，而不在乎皮相之间。宋郭熙论画言：画不以大小多少，必须注精以一之，不精则神不专，必神与俱成之。余当髫龄，性嗜图画，遇有卷轴必注观移时，恋恋不忍去，闻谈书画，尤喜究诘其方法。越中有倪丈谦甫炳烈，负画名，其弟易甫善画。子淦，七岁即能画山水人物，有声于时，常来家塾，观先君所藏古今书画，因趋侍侧，闻其论画，言画未下笔之先，必以楮素张壁间，晨起默对，多时而去，次日如之，经三日后，乃甫落墨。余讶其空洞无物，素纸张壁，有何足观，心窃笑之。先君因诏余曰：汝知王子安腹稿乎？忽憬然悟。宋迪作画，先当求一败墙，张绢素讫，倚之败墙之上，朝夕观之。既久，隔素见败墙之上，高平曲摺，皆成山水之象。心存目想，高者为山，下者为水，坎者为谷，缺者为涧，显者为近，晦者为远，神领意造，恍然见其有人禽草木，飞动往来之象，了然在目，则随意命笔，默以神会，自然景在天就，不类人为，是为活笔。古人画稿，谓之粉本，前辈多实蓄之，盖其草草不经意处，有自然之妙。宣和、绍兴所藏之粉本，多有神妙者，为时所珍贵。唐宋元明以来，学者莫不有师，口讲指画，赏奇析疑。看画不经师授，不阅记录，但合其意者为佳，不合其意者为不佳，及问其如何是佳，则茫然失对，有断然者。后人耻于相师，予智自雄，任情涂抹，而画事废矣。

师今人者，习画之徒，在士夫中，不少概见。诵读余闲，偶阅时流小笔，随意摹仿，毫端轻秀，便尔可观，画成题款，忽称董、巨，或拟徐、黄，古迹留传，从未梦见，泛应投赠，众口交誉。在己虚衰，虽曰遣兴，莘莘学子，奉为师资。试求前贤所谓十年面壁，朝夕研练之功，三担画稿，古今源流之格，一无所有，徒事声华标榜，自限樊篱。画非一途，各有其道，拘以己见，绳律艺事，岂不浅乎！

师古人者，传移模写，六法之中，已有捷径。惟山川人物之秀错，鸟兽草木之性情，池榭楼台之矩度，未能深入其理，曲尽其态，形貌徒存，神趣未合，非邻板滞，即近空疏，虽得章法，终归无用。要仿元人，须透宋法，既观宋法，可溯唐风。然而一摹再摹，愈趋愈下，瘦者渐肥，曲者已直，经数十遍，或千百遍，审详面目，俱非本来。初患不似，法有未明，既虑逼真，迹尤难脱。天然平淡，摈落筌蹄，神会心谋，善自领略而已。

师造化者，黄子久谓皮袋中置描笔在内，或于好景处，见树有怪异，便当模写记之。李成、郭熙皆用此法，古人云"天开图画"者是也。又曰：江山如画。言如画者，正是江山横截交错，疏密虚实，尚有不如图画之处，芜杂繁琐，必待人工之剪裁。董玄宰言：树有左看不入画，而右看入画者，前后亦尔；看得透熟，自然传神，心手相忘，益臻化境。董元以江南真山水作稿本，郭熙取真云惊涌作山势，行万里路，归而卧游，此真能自得师者也。

夫惟画有章法，奇奇正正，千变万化，可与人以共见，而不同用笔用墨,非好学深思者不易明。然非明夫用笔用墨,终无以见章法之妙。阴阳开阖,起伏回环,离合参差,画法之中,通于书法。钟鼎彝器,籀篆文字,分行布白,片段成章。画之自然,全局有法,境分虚实,疏密不齐,不齐之齐,中有飞白。黄山谷称如虫啮木,自然成文;邓石如言伦次分明,以白当黑;欧美人谓不齐弧三角为美术,其意亦同。法取乎实,而气运之以虚,虚者实之,实者虚之。因之有笔有墨,兼有章法者,大家也;有笔有墨,而乏章法者,名家也;无笔无墨,而徒事章法者,众工也。古今相师,不废临摹,粉本流传,原为至重。同一画稿,章法犹是也,而笔墨有优绌之分。笔墨优长,又能手创章法,戞戞独造,此为上乘。章法传模,积久生弊。以唐画之刻划,而有李成、范宽、郭熙北宋诸大家;以院体之卑弱,而有米氏父子;以北宗之恶俗,而有文衡山、沈石田、董玄宰,皆能力追古法,救正时习,成为大家。清代之中,以华新罗之花鸟,方小师之山水,罗两峰之人物,绰有大家风度。

大家不世出,或数百年而一遇,或数十年而一遇。而惟时际颠危,贤才隐遁,适志书画,不乏其人。若五季有荆浩、郭忠恕、黄筌、僧贯休,宋末有高房山、赵沤波,元季有黄子久、吴仲圭、倪云林、王叔明,明亡有陈章侯、龚半千、邹衣白、恽香山、僧渐江、石谿、石涛,独辟蹊径,自成一家。是故大家之画,甫一脱稿,徒从传摹,不逾时而遍都市。留遗副本,家世收藏,远者千年,近数十年,守之勿失。即非名人真迹,而载之著录,披图观览,犹可仿佛其形容。虽无老成人,尚有典型,犹虎贲之于中郎,深人怀想,未可轻忽。此章法之善创者也。

名家临摹古人，得其笔墨大意，疏密参差，而位置不稳；位置妥帖；浓淡淆杂，而远近不分，树木有根株，或偶失其交互，泉流有曲折，或莫辨其去来，苟能瑕不掩瑜，论者犹宽小节。画贵神似，不在貌求。苏眉公言：常形之失，而不能病其全；若常理之不当，则誉废之矣。形之无形，理所宜谨，神理有得，无害其为临摹也。此章法之善因者也。

众工构局，布置塞迫，全乏灵机，实由率尔操觚，人思不深。又或分疆三叠，一石二树三山，开辟分破，毫无生活。虽画云气，奚翅印刻，俗称一河两岸，无章法也。释石涛言此未为之失，自然分疆，诗所谓“到江吴地尽，隔岸越山多”是也。章法虽平，要有笔力，似非可徒以章法论也。古人位置，极塞实处，愈见虚灵。今人市置一角，已见繁缛。虚处实则通体皆灵，愈多而不厌，此惨淡经营之妙。阴阳向背，纵横起伏，开合锁结，回抱勾托，舒卷自如，方为得之。否则画少丘壑，亦无意趣，非庸而何！此章法之徒存者也。

章法不同，古今递嬗，境界有高深平远之别，品类有神妙能逸之分。山既异于三时，花又标为四季，风晴雨雪，艺各专长，泉石湖山，工称独绝。况若天真幽淡，气味荒寒，画中最高之趣，尤非绚烂之极，不能到此。作者之意，能使观者潜移默化，虽有剑拔弩张，犷悍之气，不难与之躁释矜平。恽南田言：画以简为尚，简之入微，则洗尽尘滓，独存孤迥，烟鬟翠黛，敛容而退矣。是以澹泊明志，宁静致远，心存匡济，可遏人欲于横流者。明简笔之画，宜若可贵，其矫厉风俗，廉顽立儒，当不让独行之士。所惜倪、黄而后，吴门、云间、金陵、娄东诸派，渐即甜熟，取媚时好，古法沦亡，不克自振。而惟昆陵邹衣白、恽香山为得大痴之神，新安僧渐江、汪无瑞为得云林之逸，挽回浇俗，皆足为君子成德之助，垂三百年，知者尤鲜。方今欧美文化，倾向东方，阐扬幽隐，余愿有心世教者，三致意焉。

画学通论讲义

论画之有益

图画者，工之母，亦文之极也。小之可以涵养情性，变化气质，消泯鄙悖之行为；大之可以捄正人心，转移风俗，巩固治安之长久。稽之经传，编诸史册，博载于古人文词论说之书，图画綦重，班班可考。是故人人所当研究而明晓之，宝爱而尊崇之，未可以为不急之务、无益之物，而轻忽之也。人之不齐，各殊其类，资禀有智愚，学力有深浅，境遇有丰啬，时世有安危，惟于绘事，爱好同之。衣食住三者，人生不能有一日之缺乏，因为爱护身体之大要也；身体之康强，其精神可用之于不弊。人生爱护精神，宜视爱护身体为尤重。身体之爱护，虑有未周，则预防其疾病，设有刀圭药饵，以剂其平。而精神之消耗于功名利禄、礼数酬酢之间，劳劳终日，无少息之暇豫者，夫复何限！苟非得有娱观之乐，清新于心目，势必奔走征逐，志气昏惰，滔滔不返，精神愈为之凋敝。苟明于画，上而窥文字之原，理参造化，下而辨物类之庶，妙撷英菁。古人所以功成身退，啸傲林泉，非徒保身，兼以明志。李长吉呕肝，为文伤命。书画之事，人心曾不以寸，晚知有益，期悦有涯之生，可谓达矣。书家兼通画事，得悟墨法，不同经生。百工先事绘图，艺能之精，可进于道。画贵生动，正与管子书称古人糟粕，释家毋参死禅，同其妙悟，况乎清明在躬，志气如神。古来善画，类多高人逸士，不汲汲于名利，而以天真幽淡为宗。然而诣力所至，固已上下今古，融会贯通，无所不学。要非空疏无具，徒为貌似，所可伪为，有断然已。

赏　识

看画如看美人，其丰神韵致，有在肌体之外者。今人看古迹，必先求形似，次及传染，而后考其事实，殊非赏鉴之法也。昔米元章有言，好事与赏鉴家自是两等。家业优饶，循名好胜，遇既收置，不辨异同，此谓好事。若夫赏鉴，则天性高明，多阅传记，或得画意，或自能画，每颛卷轴，辨析秋毫，援证其迹，而研思极虑焉。如对古人，如尝异昧，竭声色之奉，不能夺也，斯足以为赏鉴矣。看画之法，不可偏执一见。前贤命意立格，各有其道，或栖心尺幅之中，或游神六合之外，一皴一染，皆有源委。讵可囿吾所见，律彼诸贤乎？古人笔法详明，意思精到，初若率易，久觉深长。今人虽亦缜密，细玩不无拟议也。御题诸画，真伪相杂，往往有当时名手临摹之笔。尝观秘府所藏摹本，其上悉题真迹，明昌所题尤多，具眼自能辨之。至于绢素新旧，一览可知。唐绢粗厚，宋绢轻细，尺寸不容稍素。然又当验之于墨色。名笔用墨透入绢缕，精采毕现，卑弱者尽力仿效，终不能及，粉墨浮于绢素之上，神气枯寂矣。惟古人画稿，谓之粉本，前辈多珍藏之，以其草草不经意处，自然神妙；宣和、绍兴间，储积最富，识者固宜留意也。灯下不可看画，筵前醉后，亦不可看画，有卷舒侵涴之虞，极为害事。

优 劣

佛道人物，士女牛马，今不及古。山水林石，花竹禽鱼，古不及今。何以明之？如顾恺之、陆探微、张僧繇、吴道子与阎立本兄弟，皆纯正雅重，妙出天然。吴生之作，为万世法，号曰画圣。而张萱、周昉、韩幹、戴嵩辈，气韵骨法，亦复出人意表，后之学者，终莫能及。故曰今不及古。至于李成、关仝、范宽、董源之妙品，徐熙、黄筌、黄居寀之神品，前既不藉师资，后亦无能继者。借使二李、三王之俦更起，边鸾、陈庶之伦再生，更将何以措手于其间哉？故曰古不及今。夫顾、陆、张、阎，体裁各异，张、周、韩、戴，理致俱优，昔贤论之详矣。惟吴道子独称画圣，才全法备，无愧斯言。由近而约举之。气象萧疏，烟林清旷，毫锋颖脱，墨采精微者，营丘之制也。石休坚凝，杂木丰茂，台阁典雅，人物庄严者，关氏之风也。峰峦浑厚，格局沉雄，抢笔俱匀，人物皆质者，范氏之作也。皴法古隽，傅彩清和，意趣高闲，天真烂漫者，董氏之踪也。语云：黄家富贵，徐熙野逸。此非专言厥体，盖见闻所

第二辑 画学讲义

习，得之于心，而应之于手耳。筌与居寀始事孟蜀为待诏，入宋为宫赞给事禁中，多写珍禽瑞鸟、琪花文石。徐熙，江南处士，志节高简，多写浦云汀树、芦雁渊鱼。二者春兰秋菊，各极一时之胜，俱享重名于后世，未可轩轾论也。援今证古，迹著理明，观者庶辨金鍮，得分玉石焉。

楷　模

图画之要，全在得体，则楷模一定之法，不可不讲也。画人物者，必分贵贱容貌，朝代衣冠。释门有慈悲方便之仪，道像具修真度世之范，帝王崇上圣天日之表，诸蕃得慕华饮顺之情，文人著礼义忠信之风，武士多勇悍英烈之气，隐逸敦肥遁高世之节，贵戚尚纷华靡丽之习，帝释明福德严重之威，鬼神作丑魁驰进之状，士女尽端妍矮婧之态，田家存醇甿朴野之真，而欢娱惨澹、温恭桀骜之辨，亦在其中矣。画衣纹木石，用笔全类于书，有重大而调畅者，有细密而劲健者，勾绰纵掣，理无妄下。画林木者，樛枝挺干，屈节皴皮，纽裂多端，分敷万状。画山石者，多作矾头，亦为凌面，落笔便见坚重之性，皴淡即生洼凸之形，每留素以成云，或借地而为雪，其破墨之功，为尤难焉。画畜兽者，肉分肥圈，毛骨隐起，精神筋力，向背停匀，须体诸物所禀之性。画龙者，折出三停，分成九似，穷拿攫奋迅之妙，得回蟠升降之宜。画水者，有一摆之波，三折之浪，布之字势，辨虎爪形，沧涟湍激，使观者浩然有江湖之思。画屋木者，折算无亏，笔画匀壮，深远透空，一去百斜；至于汉殿吴宫，规制不失，珠林紫府，局度斯存。苟不深求，何由下笔？画花果草木，当晰四时景候，阴阳向背，枝条老嫩，苞萼后先。既园蔬野草，亦有性理，宜加详察。画翎毛者，在识诸禽形体，名件羽毛之苍稚，觜爪之利钝；飞鸟宿食，各寓岁时，脱误毫厘，便亏形似。凡斯条贯，悉本正宗，融会所由，缺一不可者也。历稽往谱，代有传人，因事论衡，别具梗概。

服　饰

衣冠之制，洊历变更，考迹绘图，必分时代。衮冕法服之重，三体备存，名物实繁，不可得而载也。汉魏以前，皆戴幅巾。晋宋之世，始用羃䍦。后周以三尺皂绢向后幞发，谓之幞头。武帝时裁成四角。隋朝惟贵臣服黄绫纹袍、乌纱帽、九环带、六合靴。次用桐油墨漆为巾子，裹于幞头之内，前系二脚，后垂二脚，贵贱通服之，而乌帽渐废。唐太宗常服翼善冠，贵臣服进德冠，则天朝复以丝葛为幞头巾子，赐在廷诸臣。开元间乃易以罗，又别赐供奉官。及内臣圈头宫样巾子，至唐末方用漆纱裹之，沿至宋代，皆服焉。上世咸衣襕衫，秦时始以紫绯绿袍为三等品服，庶人以白。至周武帝时，下加襕。唐高宗给五品以上随身鱼。又勅品：服紫者，金玉带；服绯者，金带；服绿者，银带；服青者；鍮石带；庶人服黄铜带。一品以下文官带手巾算袋刀子砺石。睿宗诏武五品以上带七事跕蹀，开元初罢之。晋处士冯翼衣布大袖，周缘以皂，下加襕，前系二长带；隋唐内外皆服之，谓之冯翼衣，后世呼为直裰。《梁志》有袴褶，以从戎事。三代以前，人皆跣足。三代以后，乃着木履。伊尹编草为之，名曰履。秦世参用丝革。靴，本胡服，赵武灵王好之，令有司衣袍者穿皂靴。唐代宗诏宫人侍左右者穿红锦靴。凡兹衣冠服饰，经营者所宜详辨也。若阎立本画《昭君出塞图》，帷帽以据鞍；王知慎画《梁武南郊图》，御衣冠而跨马。不知帷帽创从隋代，轩车废自唐朝，虽无害于名笔，亦足为丹青之病焉。

藏 弃

画之源流，诸家备载，类之论叙，分门已详。自唐末变乱，五代散亡，图画收藏，存者无几。逮至宋朝，方得以次搜集。太平兴国间，诏天下郡县访求前贤墨迹。于是荆湖转运使得汉张芝草书、唐韩干马二本以献；韶州太守得唐张九龄画像并文集九卷以献；从此四方表进者，殆无虚日。乃命待诏高文进、黄居寀检详而品第之。端拱元年，于崇文院中堂置秘阁，命吏部侍郎李至兼秘书监，点勘供御图书，选三馆正本书万卷及内府图画，并前贤墨迹数千轴，藏之阁中。御书飞白匾其上。车驾临幸，召近臣纵观，赐曲宴焉。又天章、龙图、宝文三阁，后苑有图书库，亦藏贮图画书籍，每岁伏日曝晾，焚芸香辟蠹，内侍省掌之，而皆统于秘阁。四库所藏，云次鳞集，天下翰墨之盛，顿还旧观矣。稽之典册，始自道释，迄于蔬果，门类凡十。专精一艺，与其兼才者，代不乏人。综其大纲，稍加论列。夫经纬之义，书不能尽其形容，而后继之以画，菁华所著，谓六籍同功，四时并运可也。

道 释

自三才并运，象教乃兴。儒与释道，如三辰之炳天，垂象万世。因事为图者，宜无所不及，而画家擅名，则专言道释。盖以其眉发有异于人，冠服不同于世，布祇陀之金界，绀珠满月有其容，写大赤之玉毫，芝绶云衣备其制，使观者判然而知为缁羽之流，非犹夫黼黻山龙，缙绅缝掖，极明堂宣室之尊严，辨凌烟溯洲之清贵也。释道起于晋朝，以至宋代，数百年间，名笔甚众。如晋、宋之顾、陆，梁，隋之张、展，诚出类拔萃者矣。唐时之吴道子，鹰扬独步，几至前无古人。五代之曹仲元，亦能度越前辈。及宋而绘事益工，凌轹往哲。若李得柔之画神仙，妙有气骨，精于设色，一时名重如孙知微，且承下风而窃绪论焉。其余非不善也，求之谱传，不可多得。如赵裔、高文进辈，咸以道释见长。然裔学朱繇，譬之婢作夫人，举止终觉羞涩；文进产于蜀，世皆以蜀画为名，是获虚誉也，讵宜漫循形迹，遽失考求哉！

人 物

昔贤论人物，有曰白皙如瓠，则为张苍；眉目若画，则为马援；神姿高彻，则为玉衍；闲雅甚都，则为长卿；容仪俊爽，则为裴楷；体貌闲丽，则为宋玉。此画家之绳墨也。至于状美女者，蛾眉皓齿，有东邻之舞华；惊鸿游龙，见洛神之蕙质；或善为妖态，作愁眉啼妆，堕马髻，折腰步，龋齿笑者，

第二辑 画学讲义

往往施之于图画。此极形容为议论者也。若夫殷仲堪之眸子，裴叔则之颊毫，精神尽在阿堵中，姿韵不愧丘壑间，固非议论之所及，又何形容之足言！故画人物，最为难工，大都得其形似，率乏天然之趣。自吴晋以来，卓荦可传，如吴之曹不兴，晋之卫协，隋之郑法士，唐之郑虞、周昉，五代之赵嵒、杜霄，宋代之李公麟辈，虽笔端无口，而尚论古人，品其高下，洞如观火，较若列眉，既暗中摸索，亦复易得。惟以人物得名，而独不见于谱传，如张昉之雄健，程坦之高闲，尹质、元霭之简贵，后世多不知识，岂真前有曹、卫，继有赵、李，照映千古，遂使数子，销光铲彩于其间哉！是在具眼鉴别之矣。

蕃　族

解缦胡之缨，而冠裳魏阙，屏金戈之迹，而干羽虞廷，以视越裳之白雉，固有异矣。后世遂至遣子弟入学，效职贡来宾，虽风俗庶几淳厚，亦先王功德，足以惠怀之也。凡斯盛举，莫不有图。而图画之所传，多取佩弓刀，挟弧矢，为田猎狗马之戏，若非此不能尽其形容者。然山川风土既殊，服饰衣自异，苟一究心，何难立辨？顾乃屑屑从事于弓刀狗马之属，而讲求之，亦云末矣。自唐至宋，以画蕃族见长者五人，唐则胡瓌、胡虔，五代则东丹王、王仁寿、房从真。皆能考证方隅，规摹物类，笔墨所至，俱有体裁。东丹虽产北土，止写本国风景，寻其手迹，要自不凡。王庭卓歇之图，大漠游畋之作，旌旗器械，兽畜车马，悉可按而数也。其后高益、赵光辅、张戡、李成辈，亦得名于时。然光辅以气骨为主，而风格稍俗，戢、成极力形容，而所乏者气骨，不能兼长尽美，伺容方驾前人乎？

论多文晓画

宋郑椿言多文晓画。明董玄宰谓读万卷书乃可作画。画为文字之余，固未可专以含毫吮墨、涂脂抹粉为能事也。明季以来，画者盛谈南北二宗。玄宰言：文人之画，自王右丞始，其后董源、僧巨然、李成，范宽为嫡子，李龙眠、王晋卿、米南宫及虎儿，皆从董、巨得来，直至元四大家黄子久、王叔明、倪元镇、吴仲圭，皆其正传，吾朝文、沈则又遥接衣钵，若马、夏及李唐、刘松年，又是李大将军之派，非吾曹易学也。古人文艺，多由繁重，日趋简易。简易之极，不思原本，厌弃繁重，日即虚诞，至于沦亡，何可胜慨！文艺之兴，先重立法；拘守陈法，积久弊生。世有识见宏达之士，明知流弊，思捄正之，权其重轻，著书立说，意良美也。夫画有士夫画，有作家之画。二者悬异，判若天渊，以其师今人与师古人不同，师古人与师造化不同。故曰：师今人不若师古人，师古人不若师造化。师今人者，守一先生之言，其所耳闻目睹之事，无非庸俗之所为，虽有古迹，孰优孰劣，乏由辨别，悠悠忽忽，至于垂老，终无所成。师古人者，时代有远近，学业有浅深，互相比较，不难明晓。然虑拘于私见，惮为力行，一得自矜，封其故智。此则院体不脱作家之习，而文人可侪士夫之俦，以其多读数卷书耳。

学画必读书，古今确论。读书之法，又悉与作画相通，论者犹罕，今试以读史之说证之。汉司马迁作《史记》，班固作《汉书》，史家并称迁固，以其创立纪传，通古断代，义法皆精。如画家之有南北二宗，王维水墨，李思训金碧，古今崇尚，重立法也。汉书之学，自六朝来，言训诂词章者，多所称述，实盛于太史公之书。至于宋人，又以载事详赡，有资策论之引据，尤多好读《汉书》。司马迁《史记》，众知其断制货殖游侠，论著恢奇，封禅平准，辞含讽刺，读者犹不难好学深思，心知其意。画家重在立意，始自唐世。历五代两宋，名家辈出，而极盛于元人。明董玄宰承顾正谊、莫云卿之学风，先后倡立南北二宗之说，画重文人。有云：禅家有南北二宗，唐时始分，画之南北二宗，亦唐时分也，但其人非南北耳。北宗则李思训父子，着色山水流传，而为宋之赵幹、伯驹、伯骕，以至于马、夏辈；南宗则王摩诘，始用渲淡，一变钩斫之法，其传为张璪、荆、关、郭忠恕、董、巨、米家父子，以至元之四大家，亦如六祖之后有马驹、云门、临济儿孙之盛，而北宗微矣。要之摩诘所谓云峰石迹，迥出天机，笔意纵横，参乎造化者；东坡赞吴道子、王维画壁，亦云"吾于维也无间言"，知言哉！观此则画学自唐以后，专重文人，而能明晓画法与画意者，正非文人莫属也。

国画理论讲义

绪　言

　　人之初生，在襁褓中，未能言语，先有啼笑。见灯日光，哑哑以喜，寘之暗室，呱呱而泣。晦明既辨，即分黑白。黑白者，色相之本真，其他不过日光之变化，皆伪幻耳。图画丹青，本原天造。准绳规矩，类属人为。人与天近，天真发露，极乎文明，画事为最。古人小学，初言洒扫，画沙漏痕之妙，寓乎其间，因开书画之法。从事学画，研磨丹墨，悬肘中锋之力，习于平时，用明笔墨之法。六书假昔，隶变古籀，谐声会意，渐废象形。画论貌似神似，作家士习，由此而分。写实摹虚，以备章法。专言章法，不求笔墨，派别门户，由此歧分。教者画成，各有面貌，笔墨章法，自必完全。学画之先，笔法易明，稍加用功，即可貌似。徒求貌似，不明笔墨，徒习何益？画之要旨，人巧天工而已。老子言"道法自然"，庄子云"技进乎道"。论者谓孔孟悲天悯人，一车两马仆仆诸侯，徒劳无益，因激忿而为离世乐天之语，所谓"老庄告退，山水方滋"者也。晋代王羲之之书，谢灵运之诗，多托情于山水，当代士大夫能画者已众。唐画分十三科，山水为首，界画打底。画言立法，事虽勉强，辛勤劳苦，功在力行，行之有得，乐在其中。古来为圣为贤，成仙成佛，其先习苦，莫不忧勤惕虑，朝夕孜孜，及其道成，皆有优游自得之乐。庄子云栩栩之蝶，蝶之为蚁，继而化蛹，终而成蝶飞去，凡三时期。学画者师今人、师古人、师造化，亦当分三时期。师今人者，练习技术方法；师古人者，考证古今源流；师造化者，融合今人古人，参悟自然真趣。如此有得，始克成家。古今画评，皆论赏鉴古今艺成之作，非示初学途径。学者初师今人，授以口诀；继师古人，重在鉴别；终师造化，穷极变化，循序而进，以底于成。吴道子初师从张旭，学书不成，去而学画。杨惠之学画不成，去而学塑，亦可成名。成与不成，全关功候，昔人造就，确有平衡。否则欲速成名，未尽研求，徒凭臆说，离经叛道，不学无术，妄议是非，识者嗤之。

道在上古，结绳画卦，书画同源。两汉三唐，贵族荐绅莫不晓画。赵宋而后，文武分途，人罕识字，画多犷悍，遂流江湖。宣和院体，专事细谨，又沦市井。苏、米崛起，书法入画，士夫之学，始有雅格。浅人肤学，废弃名作，非谓鉴赏，玩物丧志，即言画事，是文人游戏。米元章亦云人物花鸟，贵族玩赏，为不重视。而《北风》、《云汉》，有关人心世道，宜有真知。但喜人物花鸟，不明山水画之阴阳显晦能合变化虚灵，无以悟名理之妙，与宙合之观。笔墨流美，远追金石篆隶。然非研几，优绌不分，世好多珠，画事以坠。自李渔刻

《芥子园画谱》，笔墨之法，学无师承。欧化影印盛行，人事机巧，过于发露，而天然古拙，无复领悟，聪明自逞，愈工愈远。或有时代性者如刍狗，无时代性者为道母；道之所在，循流溯源，史传记载，古今品评，贯彻会通，庶可论画。笔墨章法，先从矩矱，由生而熟，归于变化，学期有成，成为自然，可勉而至。若有未成，互相劝诫，精益求精，不自满足。此师儒之责，亦学者宜勉也。

本　源

自来书画同源。书是文字，单体为文，孳生为字，以加偏旁。文字所不能形容者，有图画以形容之，尤易明晓。故图画者，文字之余，百工之母也。今求学画之途径，非讨论文字，无以明画之理，非研究习字，无以得画之法。画家古今之史传，真迹之记载，名人之品评，天地人物，巨细兼该，皆详于文字。学画之用笔、用墨、章法，皆原于书法。舍文字书法，而徒沾沾于缣墨朱粉中以寻生活，适成其为拙工而已，未可以语国画者也。

精　神

人生事业，出于精神，先于立志，务争上流。学乎其上，得乎其次。有志者事竟成。语云：天下无难事，只怕用心人。专心练习，不入歧途，前程远大，无不可到。古代名手，朝斯夕斯，功无间断，必为真知笃好。百折不挠之人，虽或至于世俗之所讪笑，而不之顾。学以为己，非以为人。一存枉己徇人之见，急于功利，废自半途；往往聪明才智之士，敏捷过人，而多蹈此迷误，终身门外，岂不可惜。昔吴道子学书不成，去而学画。杨惠之学画不成，去而学塑。立志为学，务底于成，量力而行，不为废弃，方可不负一生事业。此精神之宜振作，尤当善为爱护其精神，慎不邻于误用也。

品　格

以画传名，重在人品。古今技能优异，称誉当时者，代不乏人，而姓氏无闻，不必传于后世。以其一艺之外，别无所长，唐史之多，不为世重，如朝市对湖之辈，水墨丹青，非不悦俗，而鉴赏精确者，恒唾弃之。古有苏东坡、米海岳、赵松雪、徐天池，诗文书画，莫不兼长，墨迹流传，为世宝贵。又若忠臣义士、高风亮节之士尤为足珍。此论画者固以人重，而其人之画，亦必深明于理法之中，故能超出乎理法之外，面目精神，自然与庸众殊异。特浅人皮相，不点俗目，往往见之骇诧，以为文人之游戏如此，心不之喜。而不学之文人，又借此以为欺世盗名，极其卑下，可胜慨哉！

学　识

古人立言垂教，传于后世。口所难状，手画其形，图写丹青，其功与文字并重。人非生知，皆宜有学，成己仁也，成物智也。《大学》言：格物致知。《中庸》曰：好学近乎智。《说苑》亦云：以学愈愚。学问日深，则知识日广，故孔子论为学之序，必先智者不惑，而仁勇之事，尤非智者不能为。孔子又曰：好智不好学，其蔽也荡。子贡曰：学不厌智也。人生于世，惟学可以化为智，而智者更当好学而无疑矣。

立　志

学以求知，先别品流。志道据德，依仁游艺，成于自修。出而用世，可以正人心，端风化，功参造化，兼善天下，此其上也。博综古今，师友贤哲，狂狷自喜，淡泊可安，不阿时以取容，无矫奇而立异，穷居野处，独善其身，此其次也。至若声华标榜，利禄驰驱，凭荣辱于毁誉，泯专一之趣向，观乎流品，画已可知。是以画分三品，曰神，曰妙，曰能。三品之上，逸品尤高。有品有学者为士夫画，浮薄入雅者为文人画，纤巧求工者为院体画。其他诡诞争奇，与夫谨愿近俗者，皆江湖、朝市之亚，不足齿于艺林者也。此立志不可不坚也。

练　习

释清湘云：古人未立法以前，不知古人用何法；古人既立法以后，学者不能离其法。画之法有三：曰笔法，曰墨法，曰章法。初由勉强，成乎自然。老子言：圣人法天，天法地，地法道，道法自然。因天地之自然，施人力之造作，应有尽有，应无尽无，如锦绣然，必加剪裁，而后可成黻冕。语曰"江山如画"，正谓江山本不如画，得有人工之采择，审辨其入画之处而裁成之。此画之所由宝贵也。

涵　养

董玄宰言：读万卷书，行万里路，乃可作画。画学之成，包涵广大。圣经贤传，诸子百家，九流杂技，至繁且赜，无不相通。日月经天，江河行地，以及立身处世，一事一物，莫不有画；非方闻博洽，无以周知，非寂静通玄，无由感悟。而况乾坤演易，理贯天人。书画同源，探本金石，取法乎上，立道之中，循平实而进虚灵，遵准绳以臻超轶，学古而不泥古，神似而非形似，以其积之有素，故能处之裕如焉。

成　就

古人为圣为贤，成仙成佛，其先习苦，莫不有忧勤惕厉之思。及至道成，又自有其掉臂游行之乐。庄子云：栩栩然之蝶。蝶之为蚁，继而化蛹，终而成蛾飞去，凡三时期。学画者师今人不若师古人，师古人不若师造化。师今人者，食叶之时代；师古人者，化蛹之时代；师造化者，由三眠三起，成蛾飞去之时代也。当其志道之初，朝斯夕斯，轧轧终日，不遑少息，藏焉修焉，优焉游焉，无人而自得，以至于成功，其与圣贤仙佛无异。虽然，君子择术，慎于始基。昔赵子昂画马，中峰大师劝其学为画佛。此则据德依仁，亦立言垂教之微旨也。游艺之士，可忽乎哉！

画学散记

传　授

　　缋事相传，炳耀千古。指示文稿，口述笔载，全凭授受。画分宗派，传有袭正，不经目睹，莫接心源，世有作者，非偶然也。在昔有虞作绘，既就彰施；成周命官，尤工设色。楚骚识宗庙祠堂之画，汉室详飞轮卤簿之图。屏风画扇，本石晋之滥觞；学士功臣，缅李唐之画阁。留形容以昭盛德，兴成败以着遗踪。纪传所载，叙其事者，并传其形；赋颂之篇，咏其美者，尤备其象。虽其开容之盛，巨细毕呈，传述之由，古今勿替。自李思训、王维，始分两宗。谢赫、郭若虚盛夸六法，遂谓气韵非师，关于品质，生知之禀，难以力求，不得以巧密相矜，亦非由岁月可到。观之往迹，异彼众工，良由于此。至谢肇淛又谓，古之六法，不过为绘人物花鸟者言之，若专守往哲，槃施近今，何啻枘凿，其言良过。夫论画之作，承源溯流，梁太清目既不可见。唐裴孝源撰《公私画史》，隋唐以来，画之名目，莫先于是。张彦远、朱景元复撰名画记录，由是工画之士，各有著述。如王维《山水诀》、荆浩《山水赋》、宋李成《山水诀》、郭熙《山水训》、郭思《山水论》诸书，层见叠出，不可枚举。要皆古人天资颖悟，识见宏远，于书无所不读，于理无所不通。得斯三昧，藉其一言，足以津逮后学，启发新知，无以逾此。文人雅士，笃信书学，知其高深远大，变化幽微，兴上下千古之思，得纵横万里之势，挥毫泼墨，皆成天趣，登峰造极，胥由人力。是以山水开宗南北，人物肇于顾、陆、张、吴，花卉精于徐熙、黄筌。关仝师荆浩，巨然师董源。李将军子昭道、米海岳子友仁、郭河阳子若孙，皆得家传，称为妙品。元季四家，遥接董、巨衣钵，华亭一派，实开工、恽先声。从来缋事，非箕裘之递传，即青蓝之授受，性有颛蒙明敏之异，学有日进无穷之功。麓台云：画不师古，如夜行无烛，便无入路。龚柴丈言：一峰道人，云林高士，皆学董源，其笔法皆不类，譬若九方皋相马，当在神骨。蓝田叔称画家必从古人留意。如董、巨一门，则皴为麻皮、褪索，后之学者，咸知于此，问津荆、关，劈斧、括铗，师者已罕。盖董、巨之渲染立法，犹可掩藏，荆、关以点画一成，难加增减。故考实录，必参真迹，见闻并扩，功诣益深。

唐程修巳师周昉二十年，凡画之数十病，一一口授，以传其妙。

云林以刑浩为宗，萧萧数笔，神仙中人也。闻有林壑似李成，而写人物及着色者，百中之一耳。其槃礴之迹，寓深远于元澹清颖，潇洒得自先天，非后人所能髣髴。

作画先定位置，次求笔墨。何谓位置？阴阳向背，纵横起伏，开合锁结，回抱勾托，过接映带，须跌宕欹侧，舒卷自如。何谓笔墨？轻重疾徐，浓淡燥湿，浅系疏密，流丽活泼，眼光到处，触手成趣。

娄东王奉常烟客，自髫时便游娱绘事，乃祖文肃公属董文敏随意作树石以为临摹粉本，凡辋川、洪谷、北苑、南宫、华原、营丘树法、石骨、皴擦、勾染，皆有一二语拈提，根极理要，观其随笔率略处，别有一种贵秀逸宕之韵不可掩者，且体备众家，服习所珍。昔人最重粉本。

巨然师北苑，贯道师巨然。

云林早年师北苑，后似关仝。

黄子久折服高房山。

松圆逸笔与檀园绝不相似。

东园生曰：学晞古，似晞古，而晞古不必传；学晞古，不必似晞古，而真晞古乃传也。虎头三毫，益其所无，神传之谓乎？

董、巨书法三昧，一变而为子久。张伯雨题云"精进头陀，以巨然为师"，真深知子久者。学古之家，代不乏人，而出蓝者无几，宋元以来，宗旨授受，不过数人而已。明季一代，惟董宗伯得大痴神髓。麓台又言，初恨不似古人，今又不敢似古人。然求出蓝之道，终不可得。

宋人画山水者，例宗李成笔法，许道宁得成之气，李宗成得成之形，翟院深得成之风。后世所有成画者，多此三人为之。

山水画自唐始变，盖有两宗，李思训、王维是也。李之传为宋王诜、郭熙、张择端、赵伯驹、伯骕，以及于李唐、刘松年、马远、夏珪，皆李派。王之传为荆浩、关仝、李成、李公麟、范宽、董源、巨然，以及于燕肃、赵令穰、元四家，皆王派。李派板细乏士气，王派虚和萧散，此其惠能之非神秀所及也。至郑虔、卢鸿一、张志和、郭忠恕、大小米、马和之、高克恭、倪瓒，又如方外不食烟火人，别是一骨相者。

空　摹

自实体难工，空摹易善，于是白描山水之画兴，而古人之意亡。宋徽宗立画学，考画之等，以不仿前人而善摹万类，物之情态形色俱若自然，笔韵所至，高简为工。此近空摹之格，至今尚之。夫云霞雕色，有逾巧工，草木贲华，无待哲匠，所谓阴阳一嘘而敷荣，一吸而擎敛。此天然之极致，虽造物无容心也。而粉饰大化，文明天下，亦以彩众，日协和气焉。故当烟岚云树，澄空缥缈，灭没万状，不可端倪。画者本其潇洒出尘之怀，对此虚幻难求之境，静观自得，取肖神似，所以图貌山川，纷罗楮素，咫尺之内，可瞻万里而遥，方寸之中，乃辨千寻之峻。昔吴道玄图嘉陵江山水，曰“寓之心矣”，凡三百里一日而尽，远近可尺寸许。董源画落照图，亦近视无物，远观村落杳然深远，悉是晚景，岭巅返照，宛然有色，岂不妙哉！沈迪论画，请当求一败墙，先张绢素，晁夕观之，视高平曲折之形，拟勾勒皴擦之迹。昔人称画家心存目想，神领意造，于是随意挥毫，景皆天就，是谓活笔。东坡诗云：论画以形似，见与儿童邻。作诗必此诗，定知非诗人。郭熙亦曰：诗是无形画，画是无声诗。故善诗者，诗中有画，善画者，画中有诗。惟画事之精能，与诗人相表里，错综而论，不其然乎？至其标题摘句，院体魁选，神思工巧，全凭拟议。若戴德淳（戴德淳，俞阴甫《茶香室录》作战，以战为僻姓。梁茝林作戴文进事）之梦中万里，作苏武以牧羊，春色枝头，为乔松之立鹤，俛得俛失，优绌分矣。又或拳鹭舷间，栖鸦篷背，写空舟之系岸，状野渡之无人，非不托境清幽，赋物娴雅，然其穷披文以人情达理，究窥情风景之上，钻貌吟咏之中，未若高卧青簑，长横短笛，想彼行踪已绝，见兹舟子甚闲，知属思之既超，见得趣之弥远耳。岂特酒家桥畔，竹飐帘明，骢马花间，蝶随香玉，为足见其形容画纱，智慧逾恒已哉！

沿 习

方与之论北宋阎次平、南宋张敦礼、徐改之专借荆、关而入，自脱北伧躁气。

周栎园言邹衣白收藏宋元名迹最富，故其落笔无一豪近人习气。

顾、陆、张、吴，辽哉远矣。大小李以降，洪谷、右丞，逮于李、范、董、巨，元四大家，代有师承，各标高誉，未闻衍其绪余，沿其波流，如子久之苍浑，云林之淡寂，仲圭之渊劲，叔明之深秀，虽同趋北苑，而变化悬珠，此所以为百世之奇而无弊者。洎乎近世，风趋益下，习俗愈卑，而支派之说起，文进、小仙以来，而浙派不可易矣。文、沈而后，吴门之派兴焉。董文敏起一代之衰，抉董、巨之精，后学风靡，妄以云间为口实。琅琊、太原两先生，源本宋元，媲美前哲，远近争相仿效，而娄东之派又开。其他异流绪沫，人自为家者，未

第二辑 画学讲义

易指数。要之承伪袭舛，风流都尽。

石谷又言龆时搦管，矻矻穷年，为世俗流派拘牵，无繇自拔。大抵右云间者，深机浙派，礼娄东者辄诋吴门，临颖茫然，识微难洞。

董文敏题杨龙友画谓：意欲一洗时习，无心赞毁。以苍秀出入古法，非后云间、毗陵以儒弱为文澹。

宋旭、蓝瑛皆以浙派为人诋诽。白芋公谓宋旭所画《辋川图卷》，不袭原本，自出机杼，实为有明代作手。

恽正叔自言于山水终难打破一字关，曰窘，良由为古人规矩法度所束缚耳。

华亭自董文敏析笔墨之精微，究宋元之同异，六法周行，实在乎是。其后士人争慕之，故其派首推艺苑，第其心目为文敏所压，点拟拂规，惟恐失之，奚暇复求乎古！由是袭其皮毛，遗其精髓，流为习气。盖文敏之妙，妙能师古，晚年墨法，食古而化，乃言"众能不如独诣"，至言也。

水墨兰竹之法，人人自谓兰出郑、赵，竹出文、吴，世亦从而和之。不知兰叶柔弱而光滑，竹叶散碎而欲脱，或时目可蒙，难邀真赏也。

麓台言，明末画中有习气，恶派以浙派为最，至吴门、云间，大家如文、沈，宗匠如董，赝本溷淆，以讹传讹，竟成流弊。广陵白下，其恶习与浙派无异。

仿云林笔最忌有伧父气，作意生淡，又失之偏枯，俱非佳境。

如右军、李成、关仝，人辄曰俗气，鹿床谓其忌之，遂蹈相轻之习。

偏于苍者易枯，偏于润者易弱；积秀成浑，不弱不枯。

神　思

作画须楮墨之外别有生趣，趣非狐媚取悦，须于苍古之中寓以秀好，极点染处见其清空。

心手两忘，笔墨俱化，气韵规矩，皆不可端倪，仁者见仁，智者见智，所谓大而不可效之谓神。逸者，轶也，轶于寻常范围之外，如天马行空，不受羁络为也。亦自有堂构窈窕，禅宗所谓教外别传，又曰别峰相见者也。

画有六法，而写意本无一法，妙处无他，不落有意而已。世之目匠笔者，以其为法所碍，其目文笔者，则又为无法所碍。此中关捩，须一一透过，然后青山白云，得大自在，一种苍秀，非人非天。不然者，境界虽奇，作家正未肯耳。然亦未可执定一样见识，以印板画谱甲乙品题。

昔人梦蛟龙纠结，便工草书。

王逊之每得一秘轴，闭阁沉思，瞪目不语，遇有赏会，则绕床大叫，拊掌跳跃，不自知其酣狂。

恽正叔言，古今来笔墨之龃龉不能相入者，石谷则罗而置之笔端，融洽以出，神哉技乎！

作画于搦管时，须要安闲恬适，扫尽俗肠，默对素幅，凝神静气，看高下，审左右，幅内幅外，来路去路，胸有成竹，然后濡毫吮墨，自然水到渠成，天然凑拍。

昔人语：画能使人远。非会人心，乌能辨此？于久每欲濡毫，则登高楼，望云霞出没，以挹其胜，故其所写逸趣磅礴，风神元远，千载而下，犹足想见其人。有明沈石田、董玄宰俱自子久出，秀韵天成，每于深远中见潇洒，虽博综董巨，而美和清淑，逸群绝伦，即云林之幽淡，山樵之缜密，不能胜。当时松雪虽为前辈，惟以精工佐其古雅，第能接轸宋人，若其取象于笔墨之外，脱衔勒而抒性灵，为文人建画苑之机，吾于子久无间然矣。

古人真迹有章法，有骨力，有神味，元气磅礴超凡入化，神生画外者为上品；清气浮动，脉正律严，神生画内者次之。

张浦山述李营丘《山阴泛雪图》曰：以平淡为雄奇，以浅近为深奥。

梅道人深得董巨带湿点苔之法，每积盈箧，不轻点之，语人曰：今日意思昏钝，俟精明澄澈时为之。

山水苍茫之变化，取其神与意。元章峰峦，以墨运点，积点成文，呼吸浓淡，进退厚薄，无一非法，无一执法。观米字画者，止知其融成一片，而不知条分缕析中，在在皆有灵机。

石谷无聊酬应，亦千邱万壑，布置精到。麓台晚年专取笔力，大率任意涂抹，置畦径物象于不问。石谷之偏，神不胜形。

气 格

张彦远云：右丞得兴处不论四时，如画家往往以桃杏芙蓉花同作一景，画《袁安卧雪图》有雪里芭蕉，此乃得心应手，意到便成，故造理入神，迥得天真。此难与俗世论也。

宋马远全境不多，其小幅或削峰直上而不见其原，或绝笔直下而不见其脚，或近参天而远山则低，或孤舟泛月而人独坐，此边角之景也。

查二瞻题程端伯（正揆）画言：古人论书，既得平正，须返奇险。

石谷曰：画有明有暗，如鸟双翼，不可偏废。又曰：繁不可重，密不可窒，要伸手放脚，宽闲自在。又曰：以元人笔墨运宋人丘壑，而泽以唐人气韵，乃为大成。又曰：皴擦不可多，厚在神气。

王麓台熟不甜，生而涩，淡而厚，实而清，书卷之气，盎然楮墨外。石谷以清丽之笔，名倾中外，公以高旷之品突过之，世推大家，非虚也。

画之妙处，不在华滋，而在雅健，不在精细，而在清逸。盖华滋精细可以力为，雅健清逸则关于神韵骨格，不可勉强也。

沈宗敬（字恪庭，号狮峰）其布置山峦坡岫，虽有格而不续之处，而欲到不到，亦自有别趣也。

古来画家，名于一时，传于千载，其襟怀之高旷，魄力之宏大，实能牢笼天地，包涵造化，当解以槃礴时，奇峰怪石，异境幽情，一时幻现，而荣枯消息之机，阴阳显晦之象，即挟之而出。今观名迹，或千岩层叠，或巨嶂孤危，一入于目，心神旷邈，若置身其间，而慊然忘反。古有观《辋川图》而病愈，睹《云汉图》而热生者，非神其说也。至若一丘一壑，片石疏林，不过偶尔寄怀，其笔墨之趣，闲冷之致，虽把之无尽，终非古人巨胆细心之所在。

古人南宋、北宋，各分眷属，然一家眷属内有各用龙脉处，有各用关合起伏处，是其气味得力关头也。如董、巨全体浑沦，元气磅礴，令人莫可端倪，元季四家俱私淑之。山樵用龙脉多蜿蜒之致；仲圭以直笔出，各有分合，须探索其配搭处；子久则不脱不粘，与两家较有别致；云林纤尘不染，平易中自矜贵，简略中有精采，又在章法、笔法之外。烟客最得力倪、黄，深明源委。

幅塞处不觉其多，疏凋处不见其少，荒幼不为澹，精到不致浊，浅深出入，直与造物争能。

古人作画有得意者另再作之，如李成寒林、范宽雪山、王诜烟江叠嶂之类，不可枚举。

工 力

或居左相，驰誉只擅丹青，身本画师，能事不受迫促，此不欲区区以一技自鸣者。宋立画学，遂进杂流，犹令读《说文》、《尔雅》、《方言》、《释名》等篇，各习一径，兼箸音训，要得胸中有数十卷书，免堕尘俗。风会日下，此义全昧，一二稿本，家传师授，转辗模仿，无复性灵。如小儿学步，专藉提携，才离保姆，立就倾仆矣，昔人有云：山水不言，横遭点涴，笔墨至贵，浪被驱使，岂不冤哉！

杨芝（钱唐人）笔力雄健，纵兴不假思虑。自言安得三十丈大壁，磨墨一缸，以田家除场大帚蘸之，乘快马以扫数笔，庶几手臂方舒，而心胸以畅。

王孟津（铎，字觉斯）云：画寂寂无余情，如倪云林一流，虽略有淡致，不免枯干，尩赢病夫，奄奄气息，即谓之轻秀，薄弱甚矣，大家弗然。又曰：以境界奇创，然后生以气晕乃为胜，可夺造化。

簏台自题《秋山晴爽图卷》云：不在古法，不在吾手，而又不出古法吾手之外，笔端金刚杵，在脱尽习气。

温仪（字可象，号纪堂，三原人）尝述其师训曰：勾勒处笔锋须若触透纸背者，则骨干坚凝。

天宝中，命图嘉陵江山水，吴道玄一日而毕，李将军数月而成，皆极其纱。

唐卢稜伽画迹似吴道子而才力有限，至画庄严寺之门效道子画，锐思开张，颇臻其妙，道子知其精爽已尽。

博大沈雄如石田，须学其气魄；古秀峭劲如唐子畏，须学其骨力；笔墨超逸如董文敏，须学其秀润。

石谷六法到家，处处筋节，画学之能，当代无出其右。然笔法过于刻露，每易伤韵。故石谷画往往有无气韵者，学之易病。

吴渔山魄力极大，落墨兀傲不群，山石皴擦颇极浑古，惬心之作，深得子畏神髓，而能摆脱其北宗窠臼。

麓台学宋元诸家，各出机杼，惟高士一览陈迹，空诸所有，为逸品第一，非剙为是法也。于不用工力之中，为善用工力者所莫及，故能独臻其妙。

宣和画院每旬出御府图轴两匣送院，以示学人，一时作者竭尽精力以副上意。其后宝篆官成，绘事皆出画院，上时时临幸，少不如意即加墁垔，别令命思。虽训督如此，而众史以人品之限，所作多泥绳墨，未脱卑凡。

优 绌

宋李公麟缋事集顾恺之、陆探微、张僧繇、吴道子，及前代名手以为己有，专为一家。

王逊之语图照曰：元季四家，首推子久，得其神者，惟董华亭，得其形者，予不敢让，若形神俱得，吾孙其庶几乎！圆照深然之。麓台论石谷太熟，二瞻太生。

唐韩幹与周昉（字景立，京兆人）皆为赵纵写真，未能定其优劣，言韩得其状貌，周并移其神思。

画有邪正，笔力直透纸背，形貌古朴，神采焕发，有高视阔步、旁若无人之概，斯为正派。格外好奇，诡僻狂怪，徒取惊心炫目，轧谓自立门户，真乃邪魔外道。又有一种麓服乱头，不守绳墨，细视之则气韵生动，寻味无穷，是为非法之法。惟其天资高迈，学力精到，乃能变化至此。

浙派之失，曰硬，曰板，曰秃，曰拙；松江派失于纤弱甜赖；金陵派有二，一类浙派，一类松江；新安自渐师以云林法见长，人多趋之，不失之结，即失之疏；罗饭牛开江西派，又失之易而滑。闽人失之浓浊，北地失之重拙。传倣陵夷，其能不囿于智而追踪古迹，参席前贤，为后世法者，其惟麓台。若石谷非不极其能，终不免作家习气。

耕烟晚年之作，非不极其老到，一种神逸，天然之致已远，不逮烟客。

宋代擅名江景有燕文贵、江参，然燕画点缀失之细碎，江法雄奇失之刻划，以视巨然，则燕为格卑，江为体弱，其神气尚隔一尘。

吴渔山称：奥门，一名濠境，去奥未远，有大西、小西之风。我之画不取形似，不落窠臼，谓之神逸。彼全以阴阳向背、形似窠臼上用工夫，即款识，我之题上，彼之识下，用笔亦不相同。此为洋画立论。

不落畦径，谓之士气，不入时趋，谓之逸格。其创制风流，昉于二米，盛于元季，泛滥明初。称其笔墨，则以逸宕为上，咀其风味，则以幽澹为工。

画宫殿，自唐以前不闻名家，至五代卫贤始，以此得名。郭忠恕以俊伟奇特之气，辅以博文强学之资，游规矩准绳中，而不为所签，论者以为古今绝艺。

许道宁初卖药长安市中，画山水集众，故早年画恶俗大甚。中年成名，稍自检束，至细微处，始入妙理，传世甚多，佳本极少。米元章以其多摹人画轻之。

名　誉

无名人画有甚佳者，令人以无名命为有名，不可胜数。如见牛即说是戴嵩，马为韩干。

王逊之家居时，廉州挈石谷来谒。石谷方少，与之论究，叹为古人复出，揄扬名公卿门，至左己右之。故翚得成绝艺，声称后世。

盐车之骥，云津之剑，声光激射，终不可掩。然伯乐、张华，尤足令人慨想已。

古人能文，不求荐举，善画不求知赏，曰：文以达吾心，画以适吾意。草衣藿食，不肯向人，盖王公贵戚，无能招使。

晋宋人物，意不在酒，托于酒以免时难。元季人士，亦借绘事以逃名，悠然自适，老于林下。

北宋高人三昧，惟梅道人得之，以其传巨然衣钵也。与盛子昭同里闲而居，求盛画者填门接踵。庵主惟茅屋数椽，闭门静坐，人有言者，笑而不答。五百年来，重吴而轻盛，洵乎笔墨有定论也。

石谷言其生平所见王叔明画不下廿余本，而真迹中最奇者有之，从《秋山草堂》一帧悟其法于毘凌府氏。观《夏山》卷会其趣，最后见《关山萧寺》本，一洗凡目，焕然神明，吾穷其变焉。沉思既久，因汇三图笔意于一帧，涤荡陈趋，发挥新意，徘徊放肆，而山樵始无余蕴。

北苑雾景横幅，势格浑古，石谷变其法为《风声图》，观其一披一拂，皆带风色，其妙在画云以壮其怒号，得势矣。

根于宋以通其郁，导于元以致其幽，猎于明以资其媚，虽神诣末至，而笔思转新。

本朝画家以山林韦布名闻宇内者首推石谷。而山人黄尊古存日，知己寥寥，迨其既逝，好事家始知实重，尺楮片幅如拱璧矣。就两家画法而论，摹古运今，允称双琥。至于神韵或有甲乙，请以俟后世之论定者。

吴与八后，赵王孙称首，而钱舜举与焉。至元间，子昂被荐入朝，诸公皆相垺取官爵，独舜举龃龉不合，流连诗画以终其身。所画寄意高雅，文采风流可挹也。

娱 志

曹秋岳言，老莲布墨有法，世人往往怪之，彼方坐卧古人，岂顾余子好恶。

奇者不在位置，而在气韵；不在有形，而在无形。

学画所以养性情，涤烦襟，破孤闷，释躁心。胸中发浩荡之思，腕底生奇逸之趣。

画法莫备于宋，至元人搜抉其义蕴，洗发其精神，实处转松，奇中有淡，而其趣乃出。四家各有真髓，其中逸致横生，天机透露，大痴尤精进头陀也。

情　性

兴至则神超理得，景物毕肖；兴尽则得意忘象，矜慎不传。

阮千里善弹琴，人闻其能，往求听，不问贵贱长幼，皆为弹之，神气冲和，不知何人所在。戴安道亦善鼓琴，武陵王晞使人召之，安道对使者破琴云：戴安道不作王门伶人！

笔墨一道，同乎性情，非高旷中有真挚，则性情不出也。

荆关小幅，南田拟之，用笔都若未到；非不能到，避俗故耳。籧台之拙，南田之巧，其秀一也。

山　水

唐玄宗天宝中，忽思蜀中。嘉陵江山水三百里，李思训数月而成，吴道玄一日之迹，皆极其妙。

山石皴皱有披麻、乱麻、乱云、斧凿痕、乱柴、芝麻、雨点、骷髅、鬼皮、弹窝、浓矾头，一作泼墨矾头。山水为画，自当炳始。炳之言曰：理绝于中古之上者，可意于千载之下，旨微于言象之外者，可以取于书策之内。是以身所盘桓，目所绸缪，以形写形，以色貌色，竖划三寸，当千仞之高，横墨数尺，体百里之遥。故嵩华之秀，元牝之灵，皆可得之于一图。此画家山水所自昉。自是而后，高人旷士，用以寄其闲情，学士大夫，亦时抒其逸趣，然皆外师造化，未尝定为何法何法也，内得心源，不言本自某氏某氏也。

树木改步变古，始自毕宏。

五代以前画山水者少，二李辈虽极精工，微伤板细。右丞始能发景外之趣，而犹未画至。至关仝、董源、巨然辈，方以其趣出之，气概雄远，墨晕神奇，至李营丘成而绝矣。营丘有雅癖，画存世者绝少，范宽继之，奕奕齐胜。此外如高克明、郭熙辈，亦自卓然。南渡以前，独重李公麟伯时。伯时白描人物，远师顾、吴，牛马斟酌韩、戴，山水出入王、李，似于董、李所未及也。

梅道人深得董、巨带湿点苔之法。

云林写山依侧起势，不两合而成，米家山如积米，骤然而就。子久山直皴带染，林麓事转折。三者皆宗北苑而自成。

徐崇嗣画花萼，不作墨圈，用彩色积染，谓之没骨花。张僧繇亦积彩色以成，谓之没骨山水，而远近之势，意到便能移人心目，超然妙意。

川濑氤氲之气，林岚苍翠之色。

苔为草痕石积，有此一片，应有此一点。譬人有眼，通体皆虚。

李成、范华原始作寒林。

南宗首推北苑。北苑嫡家，独推巨然。北苑骨法至巨然而该备，又能小变师法，行笔取势，渐入阔远，以阔远通其沉厚。

出入风雨，卷舒苍翠。高简非浅，郁密非深。

贯道师巨然，笔力雄厚，但过于刻画，未免伤韵。

梅花盦主与一峰老人同学董、巨，然吴尚沉郁，黄贵萧散，两家神趣不同，而各尽其妙。

黄鹤山樵一派有赵元、孟端，亦犹洪谷子之后，有关仝，北苑之后有巨然，痴翁之后有马文璧。

古人之画，尺幅片纸，想见规模，漱其芳润，犹可陶冶群贤，超乘而上。

惠崇《江南春》写田家山家之景，大年画法悉本此意，而纤妍淡冶中，更开跌宕超逸之致。学者须味其笔墨，勿但于柳暗花明中求之。

前人称，画山水者必以成为古今第一。成字咸熙，五季避乱北海，营丘人。

烘　染

麓台作画，必先展纸，审顾良久，以淡墨略分轮廓，既而稍辨林壑之概，次立峰石层折，树木株干，每举一笔，必审顾反复，而日已久矣。次日复取前卷，少加皴擦，即用淡赭入藤黄少许，渲染山石，以一小熨斗贮微火熨之干，再以墨笔干擦石骨，疏点木叶，而山林屋宇、桥渡溪沙了然矣。然后以墨绿水，疏疏缓缓渲出阴阳向背，复如前熨之干，再勾再勒再染再点，自淡及浓，自疏而密，半阅月而成。发端混沦，逐渐破碎，收拾破碎，复还混沦。流灏气，粉虚空，无一笔苟下，故消磨多日耳。

周玙（字崑来，江宁人）画龙，烘染云雾，几至百遍，浅深远近，蒸蒸霭霭，殊足悦目。

石谷《池塘竹院》，设色，兼仇实父澹雅而气厚。此为石谷青绿变体，设色得阴阳向背之理。盖损益古法，参之造化，而洞镜精微。

今人但取傅彩悦目，不问节腠，不入窾要，宜其浮而不实。

今人尽谈设色，然古人五墨法，如风行水面，自然成文，荒率苍莽之致，非可学而至。

云林设色不在取色而在取气，点染精神皆借用也。抑而至于别家，当必精光四射，磅礴于心手。其实与着意不着意处同一得力。

唐大小李将军始作金碧山水，其后王晋卿诜、赵大年、赵千里皆为之。

设　色

李思训善画设色山水，笔法尖劲，磵谷幽深，峰峦明秀，石用小劈斧，树叶夹笔。尝作金碧山水图幛，笔极艳丽，雅有天然富贵气象，自成一家法。后人所画设色山水多师宗之，然至妙处不可到也。

李公麟作画多不设色，但作水墨画无笔迹，惟临摹古画有用绢素着色老，笔法如云外水流有起倒。

石谷言于青绿悟三十年始画其妙。又曰：凡设青绿，体要严重，气要轻清，得力全在渲晕。又曰：气愈清则画愈厚。

张瓜田谓见元人《折技梨花图》，不知出自何人手。花瓣傅粉甚浓，叶之正者，着石绿以苦绿染出，反者以苦绿染，以石绿托于背，味甚古茂，而气极清。其枝干之圆劲，皴法至佳，嫩芽之颖秀，均非今人所曾梦见。安得有志者振起，俾花鸟一艺重开生面也。

用墨如设色则姿态生，设色如用墨则古韵出。

画，绘事也，古来无不设色，且多青绿金粉，自王洽泼墨后，北苑、巨然继之，方尚水墨，然树身屋宇，犹以淡色渲晕。迨元人倪云林、吴仲圭、方方壶、徐幼文等专以墨见长，殊不知云林亦有设青绿者，画图遣兴，岂有定见！古人云：墨晕既足，设色亦可，不设色亦可。诚解人语也。

李思训画着色山水，用金碧辉映，为一家法。其子昭道变父之势，妙又过之，故时号曰大李将军、小李将军。至五代蜀人李升，工画着色山水，亦呼为小李将军，宋宗室伯驹后仿效之。

赵千里《海天落照图》横卷，长几丈余，轮廓用泥金，楼阁界画，如聚人物，小如麻子，临之欲动，位置雄丽。

设也，所以补笔墨之不足，显笔墨之妙处。今人不合山水之势，不入绢素之骨，令人憎厌，至于阴阳显晦，朝光暮霭，峦容树色，皆须平时留心，淡妆浓抹，触处相宜，是在心得，非成法之可定。

麓台论设色云：色不碍墨，墨不碍色，又须色中有墨，墨中有色。王东庄言：作水墨画墨不碍墨，没骨法色不碍色，自然色中有色，墨中有墨。

青绿法与浅色有别而意实同，要秀润而兼逸气，盖淡妆浓抹，全在心得。浑化，无定法可拘，若火气眩目，则入恶

第二辑 画学讲义

道矣。

青绿体要轻清，得力全在渲晕，设色贵有逸气，方不板滞。石谷色色到家，逸韵不足。

文徵明《后赤壁图》，以粉模糊细洒作霜露，尤为精妙。

李营丘《山阴片云图》，以赭为地，上留雪痕，再用淡墨入苦绿染，然后晕染石绿，复以墨绿染之，其凹处略染石青，其雪痕处以粉点雪，树枝及叶，俱以粉勾粉点。

合 作

吴豫杰（字次谦，繁昌人）。工墨竹，姚羽京名宋，长画石，有延其合作竹石屏幕障者。吴素简傲慢视姚，姚衔之，作石多用反侧之势，使难措笔。吴持杯谈笑弗顾，酒酣提笔，蘸墨横飞，风驰雨骤，顷刻而成，悉与石势称，而枝叶横斜转辗，愈见奇致。

杨晋（字子鹤，常熟人）。为石谷高弟，常从出游，石谷作图，凡有人物与轿驼马牛羊等皆命晋写之。

唐玄宗封泰山回京，驾次上党潞，过金桥，召吴道玄、韦无忝、陈闳，令同制《金桥图》。圣宫及上所乘照夜白马，陈闳主之，桥梁、山水、车舆、人物、草树、鹰鸟、器仗、帷幕，吴道玄主之。狗马驴骡牛羊橐驼猫猴貀四足之属，韦无忝主之。图成，时谓三绝。

王叔明画师王右丞，不跰鸥波蹊径，然灵秀之韵，得之宅相为多。极重子久，奉为师范。一日肃子久至斋中，焚香沦茗，从容出己得意画请教。子久为山樵从其匠心处复加点染，为《林峦秋色图》，觉烟云生动，世传为黄王合作。

黄子久、王若水合作大幅山水上有杜伯原本分题字。

查二瞻仿董源，刻意秀润而笔力少弱，江上翁秉烛属石谷润色，石谷以二瞻吾党风流神契，欣然勿让也。凡分擘渲澹点置，村屋溪桥，落想辄异，真所谓旌旗变化，焕若神明。

恽王合作，正叔写竹，石谷补溪亭远山，并为润色。言王叔明作修竹远山，当称文湖州暮霭横春卷，笔力不在郭熙之下，于树石间写丛竹，乃自其肺腑中流出，不可以笔墨时迳观也。南田此图，真能与古把臂同行，但属余点缀数笔，如黄鹤、一峰合作竹趣图，余笔不逮古，何能使绘苑称胜事也。

郭忠恕人物求王士元添入，关仝人物求胡冀添入。

楳壑仿云林小幅，绝不似倪，盖临其中年笔，石谷为润色之，幽深无继。

讹 误

张僧繇于金陵安乐寺画四龙，而点睛者破壁飞去。杨子华画马于壁，夜闻啼齿长鸣，如索水草。

李思训画大同殿壁兼掩障，至夜闻水声。

第 三 辑

古 画 微

黄宾虹

自述

古画微

总 论

　　画称艺术，艺本树艺，术是道路，道形而上，艺成而下。画之创造，古人经过之路，学者当知有以采择之，务研究其精神，不徒师法其面貌，以自成家，要有内心之微妙。

　　自来中国言文艺者，皆谓书画同源。作书之初，依类象形谓之文。文先有画。夏商周之画，着于三代钟鼎尊彝泉玺甲骨匋瓦之属，至于近世，出土古物，椎拓精良，影印亦富。周代文盛，宣王时史籀作大篆，文字孳生，书与画始分。周秦汉魏画法，石刻图经，犹文字之不用象形而已，改篆为隶矣。春秋之前，礼不下庶人，刑不上大夫，学业掌于官守，为朝廷所专有，定于一尊，人民自足，不相往来，愚民无学，可以治生。东周而后，至于战国，王室衰微，列国争斗，时事变迁，民不聊生。文学游说之士标新立异，取重诸侯，其不得志者，聚徒讲学，著书立说，以传道于来世。诸子百家纷纷而起，学术发达，冠绝古今。国运绵长，皆由文化伟大之力。画即六艺礼、乐、射、御、书、数之中，结绳画卦其先务也。秦汉魏晋画法，留传金石为多，国体专制，辅佐政教，宗庙、祠堂、道观、僧寺，咸有图画。两晋六朝顾恺之特重传神，陆探微、张僧繇、展子虔，其技益工。至于唐代，有吴道子，尤以气胜。王维画学吴道子，称为南宗。南宗北宗之分，倡于明季。然南宗之画，常欲溯源书法，合而为一。宋开院体，画专尚理。而元人上溯唐宋，兼又尚意，显有不同。明初沿习宋元，文徵明、沈石田、唐六如、仇十洲，稍变其法。清代士夫，祖述董玄宰，专宗王烟客、石谷、廉州、麓台及吴渔山、恽寿平，以为冠绝古今，遂置前人真迹于不讲。而清代之画，遂不及于前人。然学者犹沾沾于形似之间。以论画家优劣，区别而次第其品格，言神、妙、能三者之外，而为逸品。不明画旨纯与书法相通，而其敝也，不能博综古今图画之源流，与评论优绌之得失。虽庋藏卷轴，不过皮相其缣墨，而于古人之精神微妙，迄无所得，岂不谬哉！故惟深明于六法（南齐谢赫言六法，曰气韵生动，曰骨法用笔，曰应物写形，曰随类傅彩，曰经营位置，曰传移模写），上焉者合于神理，纯侔化工。下焉者得其形似，亦非庸史。至有狂怪而入于歧途，虚造而近于向壁者，虽或成名，可置弗论。董玄宰谓读万卷书，行万里路，方合作画。诚哉！闻见不可不广，而雅俗不可不分也。古今名家，以画传者，不啻千万。然其天资学力，足以转移末俗，振饬浮靡者，代不数人。兹举大概，间附己意，次其编第，著为浅说云。

上古三代图画实物之形

上古未有文字之先，人事简易，大事作大结，小事作小结，仅为符号而已。伏羲氏出，画卦之文，云即天地风雷等字。考古者至引巴比伦文字为证，莫不相合。其象形犹未显也。又作十言，即一至十等字之古文，已立横线、纵线、弧三角之形式，是为图画之胚胎矣。黄帝之世，仓颉造六书，首曰象形，言制字者先依类而象其形。时有史皇，以作画著，当为画事之始，画与字其由分也。且上古云鸟、蝌蚪、虫鱼、倒薤之书多类于画，其形犹存。有虞氏言欲观古人之象，曰日月、星辰、山龙、华虫、宗彝、藻、火、粉、米、黼黻、𫄸绣十二章，用五采彰施于五色，是画用之于服饰矣。夏后氏之远方图物，贡金九牧，铸鼎象形，百物为之备，使民知神奸，是画用之于铸金矣。《史记》称伊尹从汤言素王及九主之事，谓凡九品，图画其形。《尚书·说命篇》言：恭默思道，梦帝赉予良弼，其代予言，乃审厥象，俾以形旁，求于天下，说筑傅岩之野，惟肖。是虞夏、殷商之际，民风虽朴，而画事所著，固综合天地山水人物禽鱼鸟兽神怪百物而兼有之，已开画故实（今称历史画）与写真之先声矣。至于周代尚文，郁郁彬彬，粲然可睹。职官所掌，绘画攸分。《家语》记孔子观乎明堂，睹四门墉，有尧舜之容，桀纣之象；又有周公相成王，抱之负斧扆，南面以朝诸侯之图。《离骚》言楚有先王之庙及公卿祠堂，图天地山川神灵，奇伟谲诡，与古圣贤怪物行事，是其时画壁之风，已盛于列国。而旗常所著，如王者画日月以象天明，诸侯画交龙，一象其升朝，一象其下复；画熊虎者，乡遂出军赋，象其守，莫敢犯之；鸟隼象其角健，龟蛇象其扞难避害。且杂五色者，青与白相次，玄与黄相次，是名物之各异，布采之第次，皆有法度，为绘画于缣素者之滥觞矣。然后之考古者，仅可征实于器物，标举形似，以供众庶之观鉴。廊庙典章，亦犹是华饰之用，而未及艺事之工拙也。虽然，古之文学，多列史官，其精意所存，必非寻常所可拟议。而惜乎代远年湮，近世于金石古物之外，不得而睹之，安能不为之望古遥集哉！

两汉图画难显之形

商周邈矣！商周之图画，彰于吉金，如钟彝之属，不少概见。秦汉之时，有三羊鼎、双鱼洗、龙虎鹿庐之制，形状精美，反不逮于前古。秦破诸侯，写放其宫室，作之咸阳北阪上。汉文帝三年，于未央承明殿，画屈轶草、进善旌、诽谤木、敢谏鼓、獬豸（独角兽，能触邪佞）。宣帝之时，图画汉列士；或不在于画上者，子孙耻之。后汉顺烈皇后常以列女置于座右，以自监戒。武帝中，令奉高作《明堂汶上如带图》；又作甘泉宫，中为合室，画天地太一诸鬼神，而置其祭具，以致天神。至明帝时，别立画官，诏博洽之士班固、贾逵辈，取诸经史事，命尚方画工图画之。是画着为劝诫之事，举载籍所不能明者，可图其形以明之。杜陵毛延寿、安陵陈敞、新丰刘白、雒阳龚宽之徒，并工牛马飞鸟众势，人形好丑老少，为得其真。画者仅以姓氏著。今所及见之汉画，惟以石刻存，传者犹伙。武帝元狩中，有凤凰刻石、嵩岳太室、少室、开母庙三阙诸画。永建中，孝堂山石室画像、武侯祠堂画像、李翕黾池《五瑞图》、朱长舒墓石，诸凡人世可惊可喜之事，状其难显之容，一一毕现，此画之进乎其技矣。今观石刻笔意，类多粗拙，犹与书法相同，其为写意画之鼻祖耶？然当明帝时，佛教已入中国，庄严瑰丽之品饰，其工艺必挟而俱东。近论东方美术者，有谓中国画事源流，皆出于印度斯坦古代之绘画雕刻。今考印度古代所遗之美术，多关于宗教鬼神之作。印度国王，于其画家，每年给俸畀之，甚且免其地租，使得专心于艺术，不以富贵利禄分其心。正如悟道之高僧，避世之隐士，故其技有独至，而为古今所共仰。当时中国汉画，虽有濡染于外域之风，而笔墨精神，保存古法，有可想象于石刻外者。而今之仅存，所可见者，亦徒有石刻而已。

两晋六朝创始山水画以神为重

魏晋六代，名画家之杰出，初以图写人物为多。如阮谌之《禹贡图》、王景之《三礼图》。又有郭璞之图《尔雅》、卫协之图《毛诗》。若《周易》、《春秋》、《孝经》，莫不有图。然犹意存考证名物，辅翼经传，取于形似而已。故其山水于群峰之势，若钿饰犀栉，或水不容泛，或人大于山，率皆附以树石，映带其地，列植之状，则若伸臂布指。至吴曹弗兴，早有令名，冠绝一时，孙权令画屏风，误墨成蝇状，权疑其真，以手弹之，神其技矣。又尝见溪中赤龙，写之以献孙皓，更假借于神物以明其技。顾恺之以画自名，丹青亦妙，笔法如春蚕吐丝，初见甚平易，且形似时或有失，细视而六法咸备，傅染以浓色，微加点缀，不求晕饰，人称"虎头三绝"，时为谢安所激赏。在瓦官寺画壁，闭户往来，月余成维摩一躯，启户而光耀一寺。每画人成，或数年不点目睛，人问其故，答曰四体妍媸，本无阙少，于妙处传神写照，正在阿堵中。又图裴楷像，颊上加三毛，观者觉神明殊胜。故其得神之妙，亦犹今之称印度绘画者，长技在于不写物质之对象，而象物质内部之情感耶？不然，古称弗兴所画龙，置之水旁，应时雨足，恺之所画神佛，特显灵异，何以故神其说，奇诞若此？盖画贵取其神而遗其貌，故未可以迹象求之。深明其传神之旨者，当自顾恺之始矣。夫画者既殚精竭神于人物之间，幻而为图其神怪。龙与神虽非人所习见，犹易得其神者也。至若含思绵邈，游心于天地草木之华，而使人之神，务与造化为合。惟两晋士人性多洒落，崇尚清虚，于是乎创有山水画之作，以为中国特出之艺事。时与顾恺之齐名者，有陆探微，宋明帝时，图画古圣贤像之外，传有《春岫归云图》。梁张僧繇所画释氏为多，又尝于缣素之上，以青绿重色，先图峰峦泉石，而后染出丘壑巉岩，不以墨笔先勾，谓之没骨皴。展子虔身处隋代，历北齐、周，去古未远，尝画台阁，为江山远近尤工，咫尺之间，具有千里之势，为六朝第一。其源多出于顾恺之、陆探微。而汝南董伯仁，亦以才艺名于时，号为智海，特长于山水画，与展子虔齐名。大抵两晋六朝之画，每多命意深远，造景奇崛，尤觉画外有情，与化同游，颇能不假准绳墨，全趋灵趣。此由得之天性，非学所能，又其不拘形似，能以神行乎其间者也。若郑法士画师僧繇，独步江左，尝为颤笔，自诩其妙，而以为神。其后作者，拘守矩矱，弊以日滋。梁元帝论画，致有"高岭最嫌邻石刻，远山大忌学图经"之句。然化板滞刻画之病，非求其神似，不易为功。譬善相马者，常得之于牝牡骊黄之外，盖所谓老庄告退，山川方滋，其以此也。

唐吴道子画以气胜

唐人承六代之余风，画家造诣，更为精进。虽真迹罕传，至今千数百年，伪托者又多凿空杜撰，大失本来面目。或谓唐画皆极粗率，此犹一偏之论，未足以知唐画之深也。大凡唐代画法，每多清妍秀润，时斤斤于规矩，而意趣生动。盖唐人风气淳厚，犹为近古。其笔虽如匠人之刻木鸢，玉工之雕树叶，数年而成，于画法紧严之中，尤能以气见胜，此为独造。其所最著，惟吴道子。学者辗转揣摩，未易出其范围。道子初学书于张颠、贺知章，久之不成，去而学画。见张孝师画《地狱相》，因效为《地狱变相》。早年行笔差细，中年行笔磊落，如莼菜条，非粗率也。沉着之处，不可掩者，其气盛也。画人物有八面，生意活动。其赋彩于焦黑痕中，略施微染，自然超出缣素，世称吴装。其徒翟琰、杨庭光、庐楞伽，均学于道子，时谓吴生体。吴生之作，独为万世法，号曰画圣。阎立德、立本昆季画法，皆纯重雅正，不甚露其才气。所传有《秦十八学士》、《凌烟阁功臣图》，及为群僧作《醉道士图》。贞观中，画《东蛮谢元深入朝图》，仪服庄正恢奇，形神兼备。又貌王元凤射获猛兽，太宗命图其真。尝与侍臣泛春苑池中，有异鸟戏波中，召立本写之。其画之表著，皆从生人活物而得者也。张萱画贵公子，鞍马屏帷，宫苑仕女，冠冕一时。周古言、周昉诸人，时亦专工人物，或画岁时行乐之胜，形貌传神，丰肥秾艳，谓得目睹贵游之盛，腕底具有生气。至韩干画马，戴嵩画牛，能尽野性，各极其妙，非元气淋漓，不能有此。此画佛道、人物、士女、牛马之迹，有迥出乎前代者，必非粗率矣。今以唐画之可宝贵，因其气韵生动，有合六法。故言画事者，咸曰法唐，非仅年代久远，为其真迹难求而得之也。唐人画法，上接晋魏六朝，下启宋元明清，精妍深远，极其美备。而山水林石，花竹禽鱼，尤多穷神尽变，灵气涌现。唐山水画，亦当首推道子。当未弱冠，即穷丹青之妙。裴旻将军为舞剑，观其壮气，可助挥毫，奋笔倾成，有若神助。明皇天宝中，忽思蜀道嘉陵江水，遂假吴道子驿驷，令往写貌。及回日，帝问其状，奏曰：臣无粉本，并记在心。后宣令于大同殿图之，嘉陵三百余里山水，一日而毕。世徒惊其神速，遂疑道子下笔，多作草草。然道子传人虽多，惟王陀子尤善。或称其山水幽致，峰峦极佳，亦非粗率可知。时有杨惠之者，尝与道子同师张僧繇画迹，号为画友。其后道子独显，惠之遂焚笔砚，毅然发愤，专肆塑作，乃与道子争衡。画者法既备矣，必求气至，气不足而未有能得其韵者。六法言气，必兼言韵者，以此也。

王维画由气生韵

士夫画与作家画不同，其间师承，遂有或异。画至唐代，如禅门之南北二宗。世称北宗首推李思训，用金碧辉映，为一家法。后人所画着色山水，往往师之。明皇亦召思训与吴道子，同图嘉陵江水于大同殿壁，累月方毕。明皇语云：李思训数月之功，吴道子一日之迹，皆极其妙。思训子昭道变父之势，繁巧智惠，抑有过之。南宗首称王维。维家于蓝田玉山，游止辋川。兄弟以科名文学，冠绝当代。其画踪似吴生，而风标特出，平远之景，云峰石色，纯乎化机。读其诗，诗中有画，观其画，画中有诗。文人之画，自王维始。论者又谓其画物多不问四时，如画《卧雪图》，有雪中芭蕉，乃为得心应手，意到便成。故造理入神，迥得天趣，正与规规于绳墨者不同，此难与俗人论也。今观南北两宗，虽殊派别，迹其蹊径，上接顾、陆、张、展，往往以精妍为尚，深远为宗，既以气行，尤以韵胜。故王维之学道子，较道子之画为工，韵已远过于道子，其气全也。李思训之工过于王维，韵亦差似于王维，其气亦全也。学者求气韵于画之中，可不必论工率，不必言宗派矣。王宰之画《临江双树》，一松一柏，古藤萦绕，上盘下际，千枝万叶，分布不杂。其山水多画蜀景，玲珑嵌空，巉嵯巧峭。张璪手握双管，一时齐下，一生一枯，随意纵横，应手间出。其山水之状，则高低秀丽，咫尺重深。虽多不尚粗率，而气亦不弱，匠心独运，为可想见。至项容之笔法枯硬，王洽之泼墨淋漓，又其纵笔所如，不求工巧，标新领异，足称善变。究之古人，笔虽简而意工，后世画虽工而意索，此南北宗之所由分。故迅速而非粗率，细谨未为精深，观于此，而可知唐画之可贵已。

五代北宋之尚法

五代创始院体，艺事精能，虽宗唐代，而法益加密。盖隋唐以前，其善画者，恒多高人逸士，随意挥洒，悉见天机，洞壑幽深，直是化工在其掌握。五代两宋之间，工妍秀润，斤斤规矩，凡于名手所作，一时画院诸人争效其法，遂致鱼目混珠，每况愈下。故世之目匠笔者，以其为法所碍；其目文人之笔者，则又为无法所碍。宋徽宗立画学，考画之等，以不仿前人，而善摹万类之情态形色，俱若自然，笔韵高简为工。其上者真能纳画事于轨范之中，而又使之超轶于迹象之外，是最明于画法者也。

河西荆浩，山水为唐宋之冠。关全尝师之。浩自称洪谷子，博通经史，善属文。五季多故，隐于太行之洪谷。善为云中山顶，四面峻厚。尝语人曰：吴道子画山水，有笔而无墨，项容有墨而无笔。吾当采二子之所长，成一家之体。是浩既师道子，兼学项容，而能不为古人之法所囿者也。著《山水诀》卷，为范宽辈之祖。

关全师荆浩，所画山水，脱略毫楮，笔愈简而气愈壮，景愈少而意愈长，深造古淡。其画树石，又出于毕宏，有枝无干，喜作秋山寒林，村居野渡，见人如在灞桥风雪中，非碌碌画工所能知也。当时郭忠恕以师事之。

洛阳郭忠恕，字恕先，善画屋木林石，格非师授。重楼复阁，间见叠出，木工料之，无一不合规矩。天外数峰，略有笔墨，使人见而心服者在笔墨之外。其法用浓墨汁泼渍缣素，携就涧水涤之，徐以笔随其浓淡为山水形势。论者谓与《封氏闻见》所说江南吴生画同，但尤怪诞。是恕先之作虽师关全，而实祖述道子之法，不欲蹈袭其迹者也。

唐之宗室李成，字咸熙，后避地北海，遂为营丘人。画法师荆浩，擅有出蓝之誉。家世业儒，胸次磊落有大志，寓意于山水。挥豪适志，精通造化，笔尽意在，扫千里于咫尺，写万意于指下，平远寒林，前所未有。凡称画山水者，必以成为古今第一，至于不名，而曰营丘焉。

长安许道宁学李成画山水，初卖药都门，以画聚观者，故所画俗恶。至中年脱去旧习，稍自检束，行笔简易，风度益著。峰头直皴而下，林木劲硬，自成一家。体至细微处，始入妙理，评者谓得李成之气。翟院深，营丘人，师李成，画山水有疏突之势。其见浮云以为范，而临摹李成，仿佛乱真，评者谓得李成之风。李成综合右丞、二李之长，惟不沾沾于古人，而能对景造意，戛然以成其独至，故气韵潇洒，烟林清旷，虽王维、李思训不能过之。要其六法具备，足为画苑名程，又未尝尽弃古人之法而为之也。

华原范宽，名中正，字仲立，性温厚有大度，故时人目之为宽。画师荆浩，又学李成笔，虽得精妙，尚出其下，遂对景写山之骨，不取繁饰，自为一家。故其刚古之气，不犯前辈，由是与李成并行，时人议曰：李成之笔近视如千里之远，范宽之笔远望不离坐外，皆所造乎神者也。宽于前人名迹，见无不橅，橅无不肖，而犹疑绘事之精能，不尽于此也。喟然叹曰：吾师人曷若师造化！闻终南、太华奇胜，因卜居其间。数年笔大进，名闻天下。

河阳郭熙善山水寒林，亦宗李成法，得云烟出没，峰峦隐显之态，布置笔法，独步一时。早年巧赡工致，晚年落笔益壮。著《山水论》，言远近浅深，风雨晦明，四时朝暮之所不同。至于溪谷桥径，钓舟渔艇，人物楼观等景，莫不位置得宜，后人遵为画式。郭熙之出，后于营丘，当时以李成、郭熙并称，固已崇重如此。沈石田论营丘云：丹青隐墨墨隐水，其妙贵淡不贵浓。脱去笔墨畦径，而专趋于平淡古雅。虽层峦叠嶂，索滩曲濑，略无痕迹。信乎非熙不能，而真足为营丘之亚也。李成、郭熙，皆能以丹青水墨，合为一体，特其优长，非马远、刘松年辈所能仿佛。

宋初承五代之后，工画人物者尚多，董源而后，则渐工山水。董源一作元，字叔达，又字北苑，钟陵人。事南唐为后苑副使。山水水墨类王维，着色如李思训。工秋峦远景，多写江南真山，不为奇峭之笔。皴法用淡墨扫，屈曲为之，再用淡墨破。其平淡天真多，唐画无此品格，高莫与比也。先是唐人工画，多写蜀中山水，玲珑嵌空，巉嵯巧峭，高岭危峰，栈道盘曲。荆浩、关仝，尤多峻厚峭拔之山。至北苑独开生面，峰峦出没，云雾显晦，岚色郁苍，枝干劲挺，论者称为画中之龙。

僧巨然、刘道士，皆各得董源之一体。得北苑之正传者，独推巨然。刘道士，亦江南人，与巨然同师北苑。巨然画则僧居主位，刘画则道士居主位。宋画尚无款识，二画如出手，世人以此辨之。巨然师董源，师其神，不师其迹。少时作矾头山，老年平淡趣高，野逸之景甚备。大体董源、巨然两家画笔，皆宜远观。其用笔甚草草，近视之几不类物象，远观则景物粲然，幽情远思，如睹异境，此其妙处。且宋人院体，皆用圆皴。北苑笔意稍纵，为一小变，遂开侧笔先声，由有法以化于无法。师其法者，可以悟矣。

虽然，宋人之画，莫不尚法，而尤贵于变法。古人相师，各有不同，然亦可以类及者。黄筌、徐熙，同以花鸟名于时。

黄家富贵，徐熙野逸，其显殊者。黄筌有《春山秋岸》、《云岩汀石》诸图，所画山水，咸有足称，尤多唐人之遗韵。僧惠崇画《溪山春晓图》，烘染清丽，笔意秀润。惠崇以艳冶，巨然以平澹，皆为高僧，逃入画禅。

赵伯骕、伯驹多学李思训，赵大年学王维，画法悉本唐意，而纤妍淡冶中，更开跌宕超逸之致。钱松壶言赵大年设色绝似马和之。钱塘马和之，山水笔法飘逸。盖皆谨守宋规，而毫无院习者也。

宋道字公达，宋迪字复古，兄弟齐名。所画山水，多以平素简淡为宗，师李成法。复古声誉尝过其兄。论画之法，惟崇天趣。

王诜晋卿，画学李成，着色师李将军法。其遗迹最烜赫者为《烟江叠嶂图》，清润可爱。燕肃字穆之，益都人。燕文贵一作文季，吴兴人。文贵画《秋山萧寺图》，穆之画《楚江秋晓图》，皆能师王维、李成，上承唐人坠绪，下开南宋先声，已离画工之度数，而得诗人之清丽焉。

南宋士夫与院画之分

自文湖州画怪木疏篁，苏东坡写枯木竹石，胸次之高，足以冠绝天下，翰墨之妙，足以追配古人。其画出于一时滑稽诙笑之宗，初不经意，而其傲风霆、阅古今之气，常可以想见其人。东坡论画，尝以人禽宫室器用，皆有常形，至于山石竹木水波烟云，虽无常形而有常理。常形之失，人皆知之；常理之不当，虽晓画者有不知。故凡可以欺世而取名者，必托于无常形者也。古人亦言：人物难工，鬼魅易画。画鬼者同为无常形之作，后世之貌为士夫画者之易以此。东坡又言，常形之失，止于所失，而不能病其全。若常理之不当，则举废之矣，以其形之无常，是以其理不可不谨也。世之工人，或能曲尽其形；而至于其理，非高人逸士不能辨。观于东坡之说，因知拘守于法者，犹不失其常形；而偭规越矩，自以为古法可尽废者，必至悖于常理。是无法之碍，既甚于为法所碍。且惟有法之极，而后可至于无法之妙。南宋画家刘、李、马、夏，悉由精能，造于简略，其神妙于此可见。

宋高宗南渡，萃天下精艺良工。时凡应奉待诏所作，总目为院画，而李唐其首选也。李唐字晞古，河阳人，在宣靖间已著名。入院后，乃尽变前人之学而学焉。唐初至杭州，无所知者，货楮画以自给，日甚困，有中使识其笔曰：待诏作也。因奏闻。而唐之画，杭人即贵之。唐有诗曰：雪里烟村雨里滩，为之如易作之难。早知不入时人眼，多买胭脂画牡丹。概想其人，虽变古法，而不远于古法可知也。古人作画，多尚细润，唐至北宋皆然。李唐同时，惟刘松年多存唐韵。马远、夏珪，用意水墨，任笔粗放，亦存董、巨之风。

刘松年，钱塘人，居清波门外，俗呼暗门刘，又呼刘清波。淳熙画院画生，绍熙年待诏。山水人物师张敦礼，而神气过之（敦礼避光宗讳，改名训礼，宋汴梁人。学李唐山水，人物树石并仿顾、陆，笔法细紧，神秀如生）。李西涯题刘松年画，言松年画，考之小说，平生不满十幅，笔力细密，用心精巧，可谓画中之圣。所画《耕织图》，色新法健，不工不简，草草而成，多有笔趣。《问道图》尤其得意之作，画法全以卫贤《高士图》为其矩矱。林木殿宇人物，苍古精妙，不似南宋人，亦不似画院人。宁宗当日，特赐之金带，良有得唐人之气韵为多，非但以精巧胜也。

河中马远，号钦山，世以画名，后居钱塘。光、宁朝待诏。画师李唐，工山水、人物、花鸟，独步画院。所画下笔严整，用焦黑作树石，枝叶夹笔，石皆方硬，以大斧劈带水晕皴。全境不多，其小幅或峭峰直上而不见其顶，或绝壁直下而不见其脚，或近山参天而远山则低，或孤舟泛月而一人独坐，此边角之景也。间有其峭壁丈障，则主山屹立，浦溆萦回，长林瀑布，互相掩映。且加远山外低，平处略见水口，苍茫外微露塔尖，此全境也。画树多斜欹偃塞，松多瘦硬，如屈铁状。间作破笔，最有丰致。杨娃字妹子，杨后之妹也。书似宁宗，印章有杨娃者。以艺文供奉内廷，凡远画进御，及颁赐易贵戚，皆命娃题署云。马远画出新意，极简淡之趣，号马半边，形不足而意有余。评画者谓远多剩水残山，不过南渡偏安风景，世称马一角，实不尽然。远子麟，能世家学，然不逮父。远爱其子，多于己画上题麟字，盖欲其名彰也。

夏珪，字禹玉，宁宗朝待诏，赐金带。画师李唐，夹笔作树，梢间有丁香枝，树叶间有夹笔，人物面目，点凿为之。柳梢间以断缺，楼阁不用尺界，只信手为之。笔意精密，奇怪突兀，气韵尤高，故当为一代名士。山水布置皴法，与马远同。但其意尚苍古而简淡，喜用秃笔。马巧而夏拙，善于用拙者也。夏珪师李唐，更加简率。其意欲尽去模拟蹊径，而若灭若没，寓二米墨戏于笔端。他人破觚为圆，此则琢圆为觚耳。然其《千岩竞秀图》，岩岫萦回，层见叠出，林木楼观，深邃清远。盖李唐之画，其源出于范、荆之间，夏珪、马远，又法李唐，故形模若此。至其精细之极，非残山剩水之地，或谓粗而不失于俗，细而不流于媚，有清旷超凡之远韵，无猥暗蒙尘之鄙格，其推崇有如此者。子森，亦以画名。

南宋光、宁朝，李唐、刘松年、马远、夏珪为四大家，如宋初之李、范、董、郭。其时濩泽萧照字东生，画师李唐。先靖康中，流入太行为盗。一日掠至李唐，检其行囊，不过粉奁画笔而已。雅闻唐名，即随唐南渡。唐尽以所能授之。知书善画能诗，有游范罗山句：萝翠松青护宝幢，烟波万里送飞艭。真人旧有吹箫事，俱傍明霞照晚江。画笔潇洒超逸，妙得李唐之神。李嵩，钱塘人，少为木工，工人物，尤精界画，巨幅浅绛，笔法高古，虽出画院，犹有唐法。此虽暴客贱役，洁身自好，意气不凡，卒成精诣，其感人深矣。

况若身处世胄之家，志抱坚贞之节，如梁楷者，本东相义之后。画院待诏，赐金带不受，挂于院内，嗜酒自乐，号梁风子。玄之又玄，简而又简，传于世者，皆直草草，谓之减笔。人但知其笔势道劲，谓为师法李公麟，而要醖酿于王右丞、李将军二家，用力既深，由繁而简，独出心裁。赵由俊句云：画法始从梁楷变，观图犹喜墨如新。又于刘、李、马、夏四家之外，能自立帜者矣。其后俞珙、李权辈多师之。权，一作瓘，皆钱塘画院中人也。

元人写意之画倡于苏米

苏东坡言：观士人画，如阅天下马，取意气所到；乃若画工，往往只取鞭策皮毛、槽枥刍秣而已，无一点俊发者，看数尺许便卷。此即形似、神似，元人尚意之说也。画法莫备于宋，至元搜抉其义蕴，洗发其精神，实处转松，奇中有淡，以意为之，而真趣乃出。元代诸君，资性既高，取途复正，往往于唐法中，幻出为逸格，绝无南宋以下习气。惟时元运方长，贤人不立其朝，故绘事绝盛，前后莫能比方。夫惟高士遁荒，握笔皆有尘外之想，因之用笔生，用力拙，善藏其器，惟恐以画名。盖自唐宋两朝，画院中人，规矩准绳，束缚日久，即有嬗变，不过视一二当宁之人，为之转移。譬如唐人楷法，非不精工，虽其遒美可观，而干禄字书既已通行，绝少晋贤潇洒自如之态。元画师唐，不袭唐人之貌，兼师北宋之法，笔墨相同，而各有变异，非好学深思，心知其意者，不克臻此。张浦山论画，谓重气韵，气韵有发于墨者，有发于笔者，有发于意者，有发于无意者。发于无意者为上，发于意者次之，发于笔墨者又次之。墨之渲晕，笔之皴擦，人力可至，走笔运墨，我如是而得如是，无不适当，人力所造，是合天趣矣。若神思所注，妙极自然，不惟人力，纯任化工，此气韵生动，为元人独得之秘。宜其空前绝后，下学上达，妙绝今古，而无与等伦者已。然由浓入淡，由俗入雅，开元人之先者，实惟宋之文湖州、苏东坡、米襄阳诸公之力为多。

文同，字与可，梓潼人，官湖州，以文学名世，操行高洁，善诗文、篆隶行草飞白，又善画竹，兼工山水。所画《晚霭图》，潇洒似王摩诘，而工夫不减关全。东坡称其下笔能兼众妙；都穆言，石室先生，人知其妙于墨竹，而不知山水之妙，乃复如是。

苏轼，字子瞻，眉山人，自号东坡居士。作枯槎寿木，丛筱断山，笔力跌宕于风烟无人之境。自谓寒林已入神品，用松煤作古木，拙而劲，疏竹老而活，亲得文湖州传法。故湖州尝云：吾墨竹一派，近在彭城。然东坡实少变其法，老干磊砢，数叶萧疏，而其意已足。盖胸次不凡，落笔便有超妙处。次子过，字叔党，善作怪石丛筱，咄咄逼东坡。世称叔党书画之胜，克肖其先人。又时出新意，作山水，远水多纹，依岩多屋木，皆人迹绝处，并以焦墨为之。此出奇之处，全关用意，有不觉其法之变有如此者。

师东坡之竹石，后有柯九思，字敬仲，号丹邱，台州人，槎枒大树，枝干皆以一笔涂抹，不见有痕迹处。自谓写干用篆，写枝用草书，写叶用八分，或用鲁公撇笔，石用折钗股、屋漏痕之遗意云。

李公麟，字伯时，舒州人，宦后归老于龙眠山。博学精识，用意至到，凡目所睹，即领其要。始学顾、陆、张、吴及前世名手佳本，乃集众善，以为己有，更自立意，专为一家。自作《山庄图》，为世宝传。尝从苏东坡、黄山谷游，盖文与可一等人也。初留意画马，有僧劝其不如画佛。东坡言观伯时作华严相，皆以意造，而与佛合。画《悬溜山图》，李廌《画品》称其于画天得也。尝以笔墨为游戏，不立守度，放情荡意，遇物则画，初不计其妍媸得失，至其成功，则无遗恨毫发。此殆进技于道，而天机自张，于元画尚意之说，有可合者，正未可以其白描细笔而歧视之。此善用唐人之法者也。

米芾，字元章，襄阳人，寓居京口，宋宣和立画学，擢为博士。初见徽宗，进所画《楚山清晓图》，大称旨。山水人物，自名一家。以李公麟常师吴生，终不能去其习气，山水古今相师，少有出尘格，因信笔为之。多以烟云掩映树木，不取工细，不作大图。求者只作横挂三尺，无一笔关仝、李成俗气。人称其画能以古为今，妙于熏染。所画山水，其源出于董源。枯木松石，时有新意。又用王洽泼墨，参以破黑、积墨、焦墨，故融厚有味。宋之画家，俱于实处取气，惟米元章于虚中取气。然虚中之实，节节有呼吸，有照应。邓公寿言李元俊所藏元章画，松梢横偃，淡墨画成，针芒千万，攒簇如铁。又有梅公兰菊，交柯互叶而不相乱。项子京藏有青绿山水，明媚工细，沈石田题句云：莫怪湿云飞不起，米家原自有晴山。而当时翟耆年称其善画无根树，能描朦胧云，乃其一种，未可以尽海岳。后世俗子点笔，便是称米家山，岂容开入护短径路耶！

　　子友仁，字元晖。言云山画者，世称米氏父子，故曰二米。元晖能传家学，作山水，清致可掬，略变其尊人所为，成一家法。烟云变灭，林泉点缀，生意无穷。然其结构，比大米稍可摹拟，古秀之处，别有丰韵，书中义、献，正可比伦。黄山谷诗：虎儿笔力能扛鼎，教字元晖继阿章。虎儿，元晖小字也。元晖墨钩细云，满纸浮动，山势迤逦，隐显出没，林木萧疏，屋宇虚旷。山顶浮图，用墨点成，略不经意。然其水墨，要皆数十百次积累而成，故能丹碧绯映，墨彩莹鉴，自当竟究底里，方见良工苦心。至谓王维之画，皆如刻画，为不足学。惟其着意云烟，不用粉染，成一家法，不得随人取去故也。每自题其画曰墨戏，盖欲淘洗宋时院体，而以造物为师，可称北苑嫡家。

二米家法，得其衣钵者，高尚书克恭，字彦敬，号房山。初写林峦烟雨，后用李成、董源、巨然法，造诣益精，为一代奇作。其笔踪严重，用墨峦头树顶，浓于上而淡于下，为独得之法。青山白云，甚有远致。赵集贤为元冠冕，独推重高彦敬，如后生之事名宿。倪云林题黄子久画云：虽不能梦见房山、鸥波，特有笔意。当时推房山、鸥波居四家之右。吴兴每遇房山画，辄题品作胜语，若让伏不置然。其时士大夫能画者，高彦敬而外，莫如赵孟𫖯，字子昂，号松雪。作画初不经意，对客取纸墨，游戏点染，欲树即树，欲石即石。少时学步王摩诘、李营丘、大小李将军，皆缣素渲染之笔。董玄宰谓其画法有唐人之致，去其纤；有北宋人之雄，去其犷。尝入逸品，高者诣神。识者谓子昂衰然冠冕，任意辉煌，非若山林隐逸者惟患人知，故与唐宋名家争雄，不复有所顾虑。然其仕也，术免为绝艺所累。元代名家，恒多隐逸，于此可见。天真烂漫，脱尽俗气者，皆从诗文书翰中来，故能绝去笔墨畦径，萧然物外，而为寻常画史之所不可及。

元季四家之逸品

古人作画，皆有深意，运思落笔，莫不各有所主。元四家多师法北宋，上溯唐法，笔墨相同，而各有变异，其主意不同也。黄子久师法北苑，汰其繁皴，瘦其形体，峦顶山根，重加累石，横其平坡，自成一代。王叔明少学松雪，晚法北苑，将北苑之披麻皴，屈曲其笔，名为解索皴，亦自成一体。倪高士师法关仝，改繁实为空灵，成一代之逸品。吴仲圭多学巨然，易紧密为疏落，取法又为少异。要其以董、巨起家，成名后世，尤古今卓立者已。至如朱泽民、唐子华、姚彦卿辈，虽学李成、郭熙，究为前人蹊径所压而胥逊矣。

黄公望，字子久，号一峰，别号大痴，浙江衢州人。生而神童，科通三教，善山水。居富春，领略江山钓滩之概。其画纯以北苑为宗，而能化身立法，气清而质实，骨苍而神腴，淡而弥旨，为元季四家之冠。寄乐于画，自子久始开此门庭。山头多矾石，别有一种风度。往往勾勒轮廓，而不施皴擦，气韵深沉浑穆。常于道路行吟，见老树奇石，即囊笔就貌其状。凡遇景物，辄即模记。后至虞山，见其颇似富春，遂侨寓二十年。湖桥酒瓶，至今扰传胜事。吾谷枫林，为秋山之胜，一生笔墨最得意处。至群山朝暮之变幻，四时阴霁之气运，得于心而形于笔，千丘万壑，愈出愈奇，重峦叠嶂，越深越妙。其设色浅绛者为多，青绿水墨者少。其画格有二种：作浅绛色者，山头多矾石，笔势雄伟；一种作水墨者，皴纹极少，笔意尤为简远。有《论画》二十则，不出宋人之法。但于林下水边，沙渍木末，极闲中辄加留意，归于无笔不灵，无笔不趣。于宋法之外，又开生面焉。

王蒙，字叔明，吴兴人，赵子昂甥也，号黄鹤山樵。山水得巨然墨法，用笔亦从郭熙卷云皴中化出，秀润细密，有一种学堂气，冠绝古今。秾如王右丞，不涉舅氏鸥波之蹊径，极重子久，奉为师范。生平不用绢素，惟于纸上写之，得意之笔，常用数家皴法。山水多至数十重，树木不下数十种，径路纡回，烟霭微茫，曲尽幽致。自言暇日为郡曹刘彦敬画竹趣图，甫毕，而一峰黄处士见过，仆出此求印正，处士谓可添一远山并樵径，大趣迥殊，顿增深峻。可知熏染磋磨之益，增进学识，所关甚大也。

倪瓒，字元镇，号云林子，无锡人。性爱洁，不与世合，惟以诗画自娱。画师李成、郭熙，平林远黛，竹石茅亭，笔墨苍秀，而无市朝尘埃气。生平不喜作人物，亦罕用图记，故有迂癖之称，元季高品第一。所画山石多从李思训勾斫中来，特不敷色。其树谓之减笔李成。家藏古迹成帙，尤好荆、关之笔。中年得荆浩《秋山晚翠图》，如获至宝，为建清閟阁悬之，时对之卧游神往，常至忘膳。画《狮子林》，自谓得荆、关遗意。然惜墨如金，至无一笔不从口含濡而出，故能色泽腻润。江东人家，以有无有为清俗。其笔疏秀逾常，固非丹青炫耀，人人得而好之。或谓仲圭大有神气，子久特妙风格，叔明奄有前规，而三家未洗纵横习气，独云林古淡天然，米颠后一人而已。宋画易摹，元画难摹。元人犹可学，独云林不可学。其画正在平淡中，出奇无穷，直使智者息心，力者丧气，非巧思力索可造也。

吴镇，字仲圭，号梅花道人，嘉兴人。博学多闻，薿薄荣利，村居教学以自娱，参易卜卦以玩世。遇兴挥毫，非酬应世法也。故其笔端豪迈，墨汁淋漓，无一点朝市气。师巨然而能轶出其畦径，烂漫惨淡，自成名家。盖心得之妙，殊非易学，北宋高人三昧，惟梅道人得之。与盛子昭同里闭而居，求盛画者，填门接踵，远近著闻。仲圭之门，雀罗无问，惟茅屋数椽，闭门静坐。妻孥视其坎壈，而语撩之曰：何如调脂杀粉，效盛氏乎？仲圭莞尔曰：汝曹太俗！后五百年，吾名噪艺林，子昭当入市肆。身后士大夫果贤其人，争购其笔墨，其自信有如此者。泼墨之法，学者甚多，皆粗服乱头，挥洒以鸣其得意，于节节肯綮处，全未梦见，无怪乎有墨猪之诮也。

四家而外，余若曹知白，号云西，画笔韵度，清妙与黄子久、倪云林相颉颃。方从义，号方壶，画山水极潇洒，非世人所能及。盖学仙之颖然者，由无形而有形，虽有形终归于无形。云树蒸氲，其画如此。张雨，字贞居，高逸振世，文绝诗清，韬光山水间，默契神会，点染不群，大得北苑之意。徐贲，字幼文，画亦出自董源，大抵与王孟端、杜东原气味相类，盖元人之遗风也。孟端人品特高，能不为艺事所役，虽片楮尺缣，苟非其人，不可得也。

明画繁简之笔

明自宣庙妙于绘事，其时惟戴文进不称旨归。边景昭、吴士英、夏昶辈皆待诏，极被赏遇。孝宗政暇，游笔自娱，点刷精妍，妙得形似。赏画工吴伟辈彩缎。然戴琎、吴伟之伦，笔墨粗犷，渐离南宋马、夏诸法。至于张路、钟钦礼、汪肇、蒋嵩，遂有野狐禅之目。徒摹其状貌，失其神气，人谓为没兴马远。至于沈周、唐寅、文徵明辈，遥接董、巨薪传，务以士气入雅，而画法为之一变。高者上师唐宋，近法元人，恒多久于简易。久之吴浙二派，互相掊击，太仓、云间，亦别门户。惟其笔墨修洁，胸次高旷者，乃骎骎于古作者之林，不欲徇于俗好。故已卓然成家，此非习守之所能拘，力隅之可或限者，一代之间，尚不乏人也。

戴琎，字文进，号静庵，又号玉泉山人，家钱塘。山水其源出于郭熙、李唐、马远、夏珪，而妙处多自发之，俗所谓行家兼利者也。神像、人物、杂画，无不佳。宣德初，征入画院。一日在仁智殿呈画，遣文进以得意者为首，乃《秋江独钓图》，画一红袍人垂钓于江边。画家推红色最难着，文进独得古法。谢廷询从旁奏云：画虽好，但恨鄙野。宣庙诘之，乃曰：大红是朝官服，钓鱼人安得有此。遂探其余幅，个经御览。文进寓京大窘，门前冷落，每向诸画士乞米充口。而廷询则时所崇尚，曾为阁臣作大画，遣文进代笔。偶高方毅毂、苗文康衷、陈少保循、张尚书瑛同往其家，见之，怒曰：原命尔为之，何乃转托非其人耶？文进遂辞归。后复召，潜寺中不赴。尝自叹曰：吾胸中颇有许多事业，争奈世无识者，不能发扬。身后名愈重而画愈贵。论者谓其画如玉斗，精理佳妙，复为巨器，可居画品第一。文进画笔，宋之画院高手或不能过。不但工画，制行亦复高洁，宜其下视时流，为庸俗人所龃龉，良可慨已。然文进《东篱秋晚》，以为初阅之极似沈启南作，盖其苍老秀逸，同一师法也。

元四家后，沈石田为一大宗，董玄宰数言之。王百毂撰《丹青志》，列为神品，惟沈一人。沈周，字启南，号石田，自号白石翁。画学黄子久、吴仲圭、王叔明，皆逼真，独于倪云林不甚似。尝师事赵同鲁。同鲁每见用仿云林，辄谓落笔太过。所画于宋元诸家，皆能变化出入，而独于董北苑、僧巨然、李营丘，尤得心印。上下千载，纵横百辈，兼综条贯，莫不揽其精微。每营一障，则长林巨壑，小市寒墟，高明委曲，风趣泠然，使览者目想神游，下视众作，直培塿耳。会郡守某召画照墙，石田往役。后守入观，谒李西涯相国，首问沈先生无恙否，乃知即画墙者也。家吴郡之相城里。石田山舆人郭，多主庆云庵及北寺水阁，掩扉扫榻，挥染不倦。公卿大夫，下逮缁流贱隶，酬给无间。一时名士，如唐寅、文徵明之流，咸出其门。石田少时画，所谓率盈尺小景，至四十外，始拓为大幅，粗株大叶，草草而成。有明中叶以后，画多简易，悉原于此，盖所师法者多也。生平虽以画擅名，而每成一轴，手题数十百言，风流文采，照耀一时。诗文与匏庵并峙。石田诗自芟其少作，海虞瞿氏耕石轩为锓版行之。

正嘉中，吴郡多士大夫之画，而六如第一。唐寅，字子畏，号六如，中南京解元。才艺兼美，风流偶傥。画山水人物，无不臻妙。原本刘松年、李晞古、马远、夏珪四家，而和以天倪，运以书卷之气。故画法北宋者，皆不免有作家面目，独子畏出，而北宋始有雅格。由其笔姿秀逸，纯用圆笔，青出蓝也。家吴趋里。才雄气轶，花吐云飞，先辈名硕，折节相下。坐事就吏，逃禅学佛，任达自放。其论画曰：工画如楷书，写意如草圣，不过执笔转腕灵妙耳。世之善画者，多善书，由于转腕用笔之不滞。又云：作画破墨，不宜用井水，性冷凝故也。温汤或河水皆可。洗砚磨墨，以墨压开，饱浸水讫，然后蘸墨，则吸上匀畅。若先蘸墨而后蘸水，冲散不能感动。惟能善用笔墨，故其画法沉郁，风骨秀峭，刊落庸琐，务求深厚，连江叠巇，缅缅不穷。又作《寒林高士》，纸本巨幅，绝似李营丘、范华原法。写枯树五株，高二尺许，大如股，用干笔湿墨，层层皴擦出之，槎枒老干，墨气郁苍，人物衣冠，神姿闲淡，魄力沉雄，虽石田不能过也。设六如都无才具，孤行其画，犹自不朽，况文之巨丽，诗之骀宕，又其人之任侠跅弛也乎？晚年漫兴生涯，画笔兼诗笔，踪迹花船与酒船，旷然空一世矣！此其所以能预识宸濠于未叛之先也。

文徵明，名壁，以字行，更字徵仲，长洲人。以世本衡山，号衡山居士。贡至京师，授翰林待诏，三载，谢病归。父，温州守，宗儒，有名德。吴原博、李贞伯、沈启南，皆其执友。徵仲授文法于吴，授书法于李，授画意于沈。而又与祝希哲、唐六如、徐昌国，切磨为诗文。其才亚于诸公，而能兼擅其长。当群公凋谢之后，以清名长德，主吴中风雅之盟者三十余年。文人之休有誉处，寿考令终，未有能及之也。宁庶人宸濠以厚币招致海内名士，徵仲谢弗往，六如佯狂而返，识者两高之。生平雅慕赵松雪，每事多师之。诗文书画，约略似之。所画山水，松雪而外，又兼王叔明、黄子久之长，颇得董北苑笔意，合作处，神采气韵俱胜，单行矮幅更佳。晚年师李晞古、吴仲圭，翩翩入室，逍遥林谷，益勤笔砚，小图大轴，皆有奇致。既臻耄耋，德高行成，宇内望风钦慕，以缣楮求画者，案几若山积，车马骈闻，喧溢里门。寸图才出，承学之士，千临百摹，家藏而市鬻者，真赝纵横。一时砚食之徒，丐其芳润，沾濡余沥，无不自为厌足。精巧本之松雪，而出入于南北二宗。翁覃溪特谓粗笔是其少作，老而愈精。今则于其磅礴沉厚之作，谓之粗文，得者尤深宝爱。徵仲生九十年，名播海内。既没而名弥重，藏其面者，惟求简笔为尤难也。

言明画之工笔者，必称仇实父。实父仇英，字实甫，号十洲。画师周东村。所临小李将军《海天落照图》及李龙眠《西园雅集图》、《上林图》，极为精妙。人物、鸟兽、山林、台观、旗辇、军容，皆臆写古贤名笔，斟酌而成。平生虽不能文，而画有士人气。仇以不能文，在文、沈、唐三公间，稍逊一筹。然于绘事，博精六法深诣，用意处可夺龙眠、伯驹之席。董思翁不耐作工笔画，而曰：李龙眠、赵松雪之画极妙，又有士人气，后世仿得其妙，不能其雅，五百年而有仇实父。实父作画时，耳不闻鼓吹阗骈之声，如隔壁钗钏。顾其术近苦，行年五十，方知此一派画，不可专习。至为《孤山高士》及《移竹》、《煎茶》、《卧雪》诸图，树石人物，皆萧疏简远，行笔草草。置之六如、衡山之间，几不可辨。岂可以专事雕绘，丝丹缕素，尽其能哉。是其能画繁中之简者也。

明画之有文、沈、唐、仇，不啻元季四家之有黄、吴、倪、王焉。石田之先人沈贞，字贞吉，号陶庵，世居相城里。工律诗，雅善山水。每赋一诗，营一幛，必累月阅岁乃出，不可以钱帛购，故尤以少得重。沈恒字恒吉，号同斋，即贞弟，而石田之父也，工诗。兄弟自相倡酬，仆隶皆谙文墨。画山水师杜琼，才思溢出，绝类王叔明一派。两沈并列，寿俱大耋。沈召，字翊南，石田之弟，画山水有法，惜早逝。与石田先后而为沈氏师友者；杜琼，字用嘉，号鹿冠老人，明经博学，贞澹醇和，粹然丘壑之表，山水宗董源，年登上寿，私谥渊孝；赵同鲁，字与哲，善诗文，著有《仙华集》，所作山水，涉笔高妙，石田师事之；吴麒，字瑞卿，常熟人，山水仿宋元诸家，笔墨秀朗；史忠，字端本，一字廷直，号痴翁，上元人，山水纵笔挥写，不拘家数，皆与石田交好。王纶，字理之；杜冀龙，字士良，又师石田者也。

文、沈二氏之门，画士师法者甚盛，而文氏之学，尤多著于时。衡山之长子彭，字寿承，次子嘉，字休承，季子台，字允承，皆能画，尤以休承为最。休承山水清远，逸趣得云林佳境。从子伯仁，字德承，号五峰，山水笔力清劲，时发巧思。其后习者益多，不废家学。其时师事衡山者尤多。钱穀，字叔宝，读书多著述，家贫好客，从文衡山游，常题其楣为悬磬室，自号磐室子，山水不名其师学，而自腾踔于梅花、一峰、石田间，爽朗可爱。陆师道，字子传，号元洲，晚称五湖道人，工诗，善小楷古隶，从文衡山游，尽得其法。山水澹远类倪云林，精丽者不减赵吴兴。陆士仁，字文近，号澄湖，师道子也，书画俱宗衡山，山水雅洁。陈淳，字道复，以字行，号白阳山人，兼工花卉，又文氏之门之特出者也。由是而文氏派愈趋简易矣。

继文、沈之后，为能崛起不凡、独树一帜者，惟董其昌，字玄宰，号思翁，华亭人。官至大宗伯，晋宫保，谥文敏。天才俊逸，善谈名理，少好书画，临摹真迹，至忘寝食。中年悟入微际，遂自名家。山水宗北苑、巨然，秀润苍郁，超然出尘。自谓好画有因：其曾祖母，乃高尚书克恭之玄孙女，所由来者有自。早年全学黄子久山水，一仿辄似。尝言唐人画法至宋乃畅，至米元章父子乃一变；惟不学米，恐流入率易。晚年之笔，高岳长松，浓墨挥洒，全用董北苑法，绝不蹈元人一笔画。故思翁之画，以临北苑者为胜。间仿大米，称米元章作画，一正画家谬习。观其高自位置，谓无一点吴生习气。又云王维之迹，殆如刻画，真可一笑。盖元章学董北苑，初变其法，思翁欲兼董、巨、二米而又变之。至谓学古人不能变，便是篱堵间物，去之转远，乃由绝似故耳。然而阁古古扰曰：黄子久学董北苑，不似而似。思翁笔笔学北苑，似而不似。甚矣神似之难，难于形似奚啻万万！钱松壶亦谓董思翁画笔少含蓄，而苍郁有致。其当时之卓著者，有陈继儒，字仲醇，号眉公，为高才生，与同郡董其昌齐名。年二十九，取儒衣冠焚弃之，结茅昆山之阳，后居东余山。工诗文，虽短翰小词，皆极风致。既高隐，屡征不就。有晚香堂白石山房稿。画山水，涉笔草草，苍老秀逸，不落吴下画师恬俗魔境。自言儒家作画，如范鸱夷三致千金，意不在此，聊示伎俩。又如陶元亮入远公社，意不在禅，小破俗耳。若色色相当，便与富翁俗僧无异。故其画皆在畦径之外。

　　华亭一派，时有顾正谊，字仲方，莫是龙，字云卿，山水出入元季大家，无不酷似，而于子久尤为得力。宋旭，字初旸，善诗，工八分书，所画山水，高华苍蔚，名擅一时；游寓多居精舍，世以发僧高之。孙克弘，字允执，号雪居，仕汉阳太守，山水参马远法，而以米元章为宗，兼花鸟佛像。其从宋旭受业者有宋懋晋，字明之，善诗画，山水参宋元遗法，自成一家。而赵文度、沈子居，又从学于宋旭与懋晋之门，而为华亭后起之秀。赵左，字文度，山水与宋懋晋同学于宋旭。懋晋挥洒自得，而左惜墨构思，不轻涉笔，画宗董北苑，兼得黄、倪两家之胜。云山一派，能以己意发之，有似米非米之妙。沈士充，字子居，画山水，出宋晋懋之门，兼师赵左，清蔚苍古，运笔流畅。其后学者，务为凄迷琐碎，至以华亭习尚，为世厌薄，不善效法之过也。

明季节义名公之画

　　明季士夫，多工翰墨，兼长绘事，足与元人媲美者，恒多节义之伦。黄道周,字幼玄,一字螭若,号石斋,漳浦人,官至礼部尚书。山水人物,长松怪石,极其磊落。真草隶书,自成一家。以文章风节高天下,明亡,殉国难,谥忠端。

倪元璐,字玉汝,号鸿宝,上虞人,官至户部尚书。善竹石水云山草,苍润古雅,颇有别致。诗文为世所重。工行草书。李自成陷京师,自缢死。

祁彪佳,字幼文,山阴人,官至巡抚应天都御史,谢病归。尝治别业于寓山,极林壑之胜。乙酉闰月六日,坐园中,题其案曰:图功为其难,洁身为其易。吾为其易者,聊存洁身志。含笑入九泉,浩然留天地。步放生碣下,投水,昧旦犹整巾带立水中,因以殉国。画山水,不多作。其弟豸佳,字止祥,官吏部司务,国亡不仕,隐梅市。山水学思翁,又善花卉。同时抱道自重,甘于韬晦,亮节清风,盖亦多矣。

清初四王吴恽之摹古

自明代董思翁画宗北宋,太原王时敏,字逊之,号烟客,家太仓,少时即为董思翁及陈眉公所深赏。于时思翁综揽古今,阐发幽奥,自谓画禅正宗,真源嫡派。烟客实亲得之。祖相国文肃公锡爵,以暮年抱孙,钟爱弥甚,居之别业,以优裕其好古之心。故烟客所得,有深焉者,家本富于收藏,及遇名迹,不惜多金购之。如李营丘《山阴片雪图》,费至二十镒。每得一秘轴,闭阁沉思,瞪目不语。遇有赏目会心之处,则绕床大叫,拊掌跳跃,不自知其酣狂。故凡布置设施,勾勒斫拂,水晕墨彰,悉有根柢。早年即穷黄于久之奥窔,着意追摹，笔不妄动，应手之制，实可肖真。用力既深，晚益神化。以荫官至奉常，而淡于仕进，优游笔墨，啸吟烟霞，为清代画苑领袖。平生爱才若渴，不俯仰世俗，以故四方工画者，踵接于门，得其指授，无不知名于时，海虞王石谷犟其首也。当烟客家居时，廉州太守王鉴挈石谷来谒，即与之论究古人，为揄扬名公卿间；又悯其贫，周恤亦备至。

时与烟客齐驱，其笔墨亦相近者，王鉴，字玄照，号湘碧，弇州王世贞之孙。精通画理，摹古龙长。凡唐宋元明四朝名绘，见之辄为临摹，务肖其神而止。故其苍笔破墨，时无敌手，丰韵沉厚，直追古哲。于董北苑、僧巨然两家，尤为深造，皴擦爽朗，不求工细。玄照视烟客为子侄行，而年实相若，互深砥砺，并臻极妙。论六法者，以两人有开来继往之功。特玄照所画，运笔之锋较烟客稍实。烟客用笔，在着力不着力之间，凭虚取神，苍润之中，更能饶秀。玄照总多笔锋靠实，临摹神似，或留迹象。然皆古意盎然，为画品上乘，无疑也。

尊王石谷者，至称画圣，以为前无古人，后无来者，莫石谷若，殊非实然。王翚，字石谷，号耕烟外史，常熟人，于清代四王之中，最有盛名。王玄照游虞山，石谷以画扇托人呈玄照，因得见，遂以弟子礼事之。玄照曰：子学当造古人。即载之也。先命学古法书数月，乃亲指授古人名迹稿本，学乃大进。玄照将远宦，又引谒烟客，挈之游江南北，得尽现收藏家秘本。石谷既神悟力学，又亲炙玄照、烟客之指授，集众画之大成，为一代作家。烟客既得见石谷之画成，恨不及为董思翁所及见，嗟叹不已。康熙南巡，石谷绘图称旨，厚币赐归。朝

第三辑　古画微

贵有额以清晖阁者，因自号清晖主人。尝曰：以元人笔墨，运宋人丘壑，而泽以唐人之气韵，乃为大成。家居三十载，厅事之前，笔墨缣素，横积几案。弟子数十人，凡制巨画，树石人物，各主一艺。惟于立稿之前，粗具模形，既成之后，略加点染，非必己出，遂为大观。其后赝本迭兴，妍媸混目。论者每右南田而左石谷，谓：恽本天工，王由人力，有仙凡之别。又云：南田胸有卷轴，石谷枵然无有。在南田萧萧数笔，石谷极力为之所不能及。翁覃溪亦言：近日学者于石谷之画或厌薄不足道，石谷六法到家，处处筋节，画学之能，当代无出其右；然笔法过于刻露，每易伤韵。石谷之画，往往有无韵者，学之稍不留神，每易生病。近二百年来，临摹石谷之画，日见其多。师石谷而不求石谷之所师，此清代画学日衰之由也。

石谷弟子，其亲炙与私淑之徒，不可偻指计。杨晋，字子鹤，号西亭，常熟人，长于画牛。蔡远，字月远，号天涯，闽人，侨居常熟，画牛不逊于杨晋。僧上睿，字浔湄，号目存，又号蒲室子，吴人，兼人物花卉。皆得石谷之指授，所画山水，有名于时，此其尤著。

至与石谷同时，而所画纯仿石谷者，有王荦，字耕南，号稼亭，又号栖峤，吴人。山水临摹石谷而有不逮，盖徒貌似耳。恒托其名以专利，石谷虽深恨之，而当时之托名石谷者尤多，其不逮荦笔，而传后世，非真善鉴者不易为之辨别。盖石谷画有根柢，其摹仿者家，笔下实有所见，笔姿之妩媚，又其天性。学者徒恃其稿本，转辗传橅，元气尽失，而秀韵清姿，复不能及，流为匠气，致引石谷为戒，非石谷之过也。

传烟客之家学者，其嫡孙王原祁，字茂京，号麓台，官司农。童时偶作山水小幅，黏书斋壁，烟客见大奇之。闲与讲析六法之要，古今异同之辨。成进士后，专心画理，笔法大进，于黄子久浅绛山水，尤为独绝。熟而不甜，生而不涩，淡而弥厚，实而弥清，书卷之味，盎然楮墨之外。入仕后，供奉内廷，每作画，必以宣德纸，重毫笔，顶烟墨，曰：三者不备，不足以发古隽深逸之趣。客有举王石谷画为问，曰：太熟。复举查二瞻为问，曰：太生。盖以不生不熟自处。尝称笔端有金刚杵，在脱尽习气。麓台山石，妙如云气腾逸，模糊蓊郁，一望无际。用笔均极随意，绝无板滞束缚之态。论者谓其稍有霸悍之气，非若烟客之冲和自在。后人又因其专师子久，干墨重笔，皴擦而成，以博浑沦，仅有一种面目；未能如石谷之兼临各家，格局变化，兼具两宋名人及元四家之形体，可供摹拟者随意效法，是以得名亦次于石谷。然海内绘事家，不入石谷牢笼，即为麓台械扭。至为款书，皆求绝肖，陈陈相因，贻诮一丘之貉。故二家之后，非无画士，徒工其貌而遗其神，遂以宋元古画皆不足观，抑亦过矣。

时与石谷同邑而为复古之画学者，有吴历，字渔山。因所居有言子墨井，故又号墨井道人。画法宋元，多作阴面山，林木蓊翳，溪泉曲折，不仅以仿子久、叔明见长。笔力沉郁深秀，高闲奇旷，宜在石谷之上。晚年墨法，一变溟溟蒙蒙，多作云雾迷漫之景，或谓其为欧法画所化。翁覃溪有题吴渔山画石谷留耕堂小影诗云：意在欧罗西海边，渔山踪迹等云烟；题诗岂解留耕趣，荒却桃源数亩田。渔山清洁自好，不谐于世，弹琴咏诗，萧然高寄。所画山水，王烟客、钱牧斋皆亟称之。同时王石谷名满天下，持缣币而请者，日塞其门，而不屑与之争名，以跧伏于海上。学者称其魄力绝大，落墨兀傲不群。山石皴擦，颇极浑古。点苔及横点小树，用意又与诸家不同，惬心之作，深得唐子畏神髓，尤能摆脱其北宋窠臼，真善于法古者也。六如学李晞古，一变其刻画之习。渔山学六如，又去其狂纵之容，纯任天机，是为可贵。云间陆昒，字日为，传其法，山水喜为挑笔，颇有画痴之目，笔意古拙，稍有不逮。

画格高于石谷，能于石谷外自辟蹊径者，有恽寿平，字正叔，初名格，后以字行，武进人，号南田，又号白云外史，一作云溪外史。工诗文，所画山水，力肩复古，以此自负。及见石谷，而改写生，学为花卉，斟酌古今，以北宋徐崇嗣为归，一洗时习。虽专写生花卉，山水亦间为之。如柯丹丘《古木竹石》、赵鸥波《水村图》，细柳枯杨，皆超逸名贵，深得元人冷淡幽隽之致，而不多作。尝与石谷书云：格于山水，不免于窘之一字，未能逸出于古人规矩法度所束缚。然南田山水浸淫宋元诸家，得其精蕴，每于荒率中见秀润之致，逸韵天成，非石谷所能及。又手书屡劝石谷勤学，每见其画间题语未善，辄反复讲论，或致诃斥，务令自爱其画，勿为题识所污。盖由天资超妙，学力醇粹，故其所画，落笔独具灵巧秀逸之趣。或谓其小帧山水特工，虑为石谷所压，乃以偏师取胜，未必然也。

三高僧之逸笔

三高僧者，曰渐江、石溪、石涛，皆道行坚卓，以画名于世。明季忠臣义士，韬迹缁流，独参画禅，引为玄悟，濡毫吮笔，实繁有徒，然结艺精通，无以逾此三僧者。新安渐江僧，俗姓江，名韬，字六奇，号鸥盟，晚年空名弘仁，歙人，明诸生。少孤贫，性癖，以铅椠养母。一日负米行三十里，不逮期，欲赴练江死。母大殡后，不婚不宦，游幔亭，皈报亲寺古航师为圆顶焉。画法初师宋人。为僧后，尝居黄山、齐云。山水师云林。王阮亭谓新安画家多宗倪黄，以渐江开其先路。画多层峦陡壑，伟峻沉厚，非若世之疏林枯树，自谓高士者比。以北宋丰骨，蔚元人气韵，清逸萧散，在方方壶、唐子华之间。当时士夫以渐江画比云林，至以有无为清俗。既而游庐山归，即恒化。论者言其诗画俱得清灵之气，系从静悟来。与查士标、汪之瑞、孙逸，称新安四大家。而程功，字又鸿，汪家珍，字璧人，凌畹，字又薰，汪霭，字涤厓，山水皆入妙品。

释髡残，字介邱，号石溪，又号白秃，自称残道人，家武陵。少时自薙其发，投龙三三家庵。旅游诸名山，参悟后，至金陵受衣钵于浪杖人，住牛首。工山水，奥境奇辟，绵邈幽深，引人入胜，笔墨高古，设色清湛，诚得元人胜概。自言庚子秋八月曾来黄山，路中风物森森，真如山阴道上，应接不暇。又言尝惭愧两脚不曾游历天下名山，又惭眼不能读万卷书，阅遍世间广大境界，两耳未亲智人教诲，纵有三寸舌，开口便秃。今日见衰谢，如老骥伏枥，奈此筋力何！观石溪所言，知其题识，固多寓兴亡之感。所画皆由读书游山兼得良朋益友磋磨而来，故能沉穆幽雅，为近世不经见之作。施愚山谓石溪和尚盖为方外交，而未索其画，甚为懊惜。在当时相去未久，已见重若此。此其艺事之方驾古人，有可知已。

释道济，字石涛，号清湘，又号大涤子，明楚藩后。画兼山水人物兰竹，笔意纵恣，脱尽窠臼。尝客粤中，所作每多工细，矩矱唐宋。晚游江淮，粗疏简易，颇近狂怪，而不悖于理法。自言：画有南北宗，书有二王法。张融谓不恨臣无二王法，恨二王无臣法。今问南北宗，我宗耶？宗我耶？一时捧腹曰：我自用我法。此石涛画之不囿于古法也。又言：作书画，无论老手后学，先以气胜得之者，精神灿烂，出之纸上，意懒则浅薄无神。所著《画语录》，钩玄抉奥，独抒胸臆，文乃简质古峭，直可上拟诸子。识者论其节操人品，履变不移，而精深于艺事，类宋王孙赵彝斋，其知言哉。

隐逸高人之画

贤哲之士，生值危难，不乐仕进，岩栖谷隐，抱道自尊，虽有时以艺见称，濯迹尘俗，其不屑不洁之贞志，昭然若揭，有不可仅以画史目之者。八大山人，江西人，或曰姓朱氏，名耷，字雪个，故石城府王孙。明亡，号八大山人。或曰：山人固高僧，尝持《八大人觉经》，因以为号。画山水花鸟竹木，其最佳者松莲石三品，笔情纵恣，不拘成法，而苍劲圆秀，时有逸气，拙规矩于方圆，鄙精研于彩绘。襟怀浩落，慷慨啸歌，世目为狂。及逢知己，十日五日，尽其能，又何专也。释石涛言：山人花甲七十四五，登山如飞，十年以来，见往来书画，皆非侪辈可能赞颂得之。其倾倒可想见已。

傅山，字青主，一字公之他，外号甚多。精鉴别。居太原，代有园林之胜。少读书于石山之虹巢，游迹甚多。浮淮渡江，复过江。尝登北岳、华岳、岱岳。为道士装，以医为业。工诗文，善画山水，皴擦不多，丘壑磊砢以骨胜；墨竹亦有气。自托绘事写意，曲尽其妙。

丁元公，字原躬，嘉兴布衣。书画俱逸品，不屑庸俗语。性孤洁，寡交游。画兼山水人物，佛像老而秀，工而不纤。后髡发为僧，号曰愿庵，名净伊。尝遍访历代佛祖高僧真容，迄明季莲池大师像，绘为巨册。周栎园言其自为僧后，专画佛像，而山水笔墨，尤高远焉。

邹之麟，字臣虎，号衣白，明官都宪。国破还里，号逸老，又自号昧庵。山水摹法黄子久，用笔圆劲古秀。

徐枋，字昭法，号俟斋，长洲人。父少詹事汧，殉国难。俟斋隐居上沙，土室树屋，邈与世隔，人莫得见。家极贫，卖画卖箬以自存，守约固穷，四十年如一日。汤斌抚吴，两屏驺从来访，不得一面。山水有巨然法，亦间作倪黄丘壑。用笔整饬，墨气淹润，多不设色。江左人得其诗画，不啻珊瑚钩也。

程邃，字穆倩，歙人，自号江东布衣，又号垢道人。博学工诗，品行端悫，敦崇气节。从漳浦黄道周、清江杨廷麟两公游，名公卿多折节交之。家多收藏金石书画。山水纯用枯笔，写巨然法，别具神味。人得其片纸，皆珍宝之。

恽本初，字道生，后改名向，号香山，武进人。博学有文名。授中书舍人，不拜。山水学董、巨家法，悬笔中锋，骨力圆劲，而用墨浓湿，纵横淋漓。晚乃敛笔，入于倪、黄。宋漫堂言香山画有二种：气厚力沉，全学董源，为早年墨；一种惜墨如金，翛然自远，晚年笔也。题画多论古法，著《画旨》四卷。

张风，字大风，上元人。明诸生，乱后弃去。家极贫。尝游燕赵间，公卿争迎致之。后归金陵，寓居精舍。画山水人物花鸟，早年颇工；晚以己意为之，有自得之乐，称为笔墨中之散仙焉。姜实节，字学在，莱阳人，居吴中。郑旼，字幕倩，歙人。山水皆超逸，高风亮节，无多愧也。陈洪绶，字章侯，崔子忠，号青蚓，世称南陈北崔，人物追纵顾、陆、张、吴，出陈枚、禹之鼎诸人之上。山水不多作。

缙绅巨公之画

自米南宫、赵松雪至董华亭，名位煊赫，文艺兼工，鉴赏既精，收藏亦富，故所作画，悉有本原。清初显宦之家，不废风雅，雍乾而后，作者弗替。程正揆，字端伯，号鞠陵，又号青溪道人，孝感人，官至少司空。山水初师董华亭，得其指授；后则自出机杼，多用秃笔。清劲简老，设色秾湛，树石浓淡，极意交叉，而疏柯劲干，意致生拙，脱尽画习，妙有别趣。青溪论画，尝云：北宋人千岩万壑，无笔不减。元人枯枝瘦石，无笔不繁。其言最精。吴山涛，字塞翁，工书能诗，山水亚于青溪。

王铎，字觉斯，孟津人，官至尚书。性情高爽，伟躯美髯，见者倾倒。博学好古，工诗古文。山水宗荆、关，丘壑伟峻，皴擦不多，以晕染作气，傅以淡色，沉沉丰蔚，意趣自别。其论画云：寂寂无余情，如倪云林一流，虽略有淡致，不免枯干，尫羸病夫，奄奄气息，即谓之轻秀，薄弱甚矣。大家弗然。又云：以境界奇创，然后生以气韵，乃为胜可夺造物。其旨趣如此。

吴伟业，字骏公，号梅村，太仓人，官至祭酒。博学工诗，山水得董北苑、黄子久笔法。与董思白、王烟客辈友善，作《画中九友歌》以纪之，所画沉厚秾古，雅近陈眉公。论者言其山水清疏韶秀，当别有此一种，已不可见。九友者，董玄宰、王烟客、王元照、李长蘅、杨龙友、程孟阳、张尔唯、卞润甫、邵僧弥，要皆以华亭为取法，而能上窥宋元之奥窍者也。

金陵八家之书画

明季金陵，人文特盛，画士之流寓者恒多名家。山水画法，首推龚贤，字半千，号柴丈人，家昆山，侨居金陵。为人有古风，工诗文。善书画，得董北苑法，沉雄深厚。识者称其笔意类郑广文，意有繁简。同时有声者，樊圻，字会公；高岑，字蔚生；邹喆，典之子，字方鲁；吴宏，字远度；叶欣，字荣木；胡慥，字石公；谢荪，字未详。山水师法北宋，各擅所长，能于文、沈、唐、仇、华亭之外，别树一帜，号为八家。所惜相传日久，积弊日滋，流为板滞甜俗，至人谓之纱灯派，不为士林所见重。惜哉！

江浙诸省之画

在昔文艺方技，列于地志，学术渊源，各有所自。方士庶字小师之山水，罗聘字两峰之人物，华岩号新罗之花鸟，其特出者。蓝瑛，字四叔，号蜨叟，钱塘人，山水法宋元诸家，晚乃行笔细劲，师法北宋者居多，惟枯硬干燥，殊少苍润，难于

第三辑 古画微

人雅，不为世重。

罗牧，字饭牛，宁都人，侨居南昌。山水意在董、黄之间，林壑森秀，墨气瀜然，惟恣肆奇纵，笔少含蓄，世以江西派轻之。

闽之高士，先有许友字介眉、宋珏字比玉，诗文书画，冠绝常伦，世不多觏。其卓著者，山水人物，声名藉甚。黄慎，字瘿瓢，出其门，侨寓扬州，渐开恶俗。潘恭寿，字慎夫，号莲巢，丹徒人。山水人物花卉均妙。弟思牧，字樵侣，亦画山水，师法文衡山。万上遴，字辋冈，江西南昌人，兼山水，又写梅及花卉。奚冈，号铁生，又号蒙泉外史，兼精篆刻。黎简，字未裁，号二樵，粤人，山水学元四家，盎然书味。布置深稳，皆由胸有卷轴，故能气息不凡，四方学者，莫不尊之。至其品流，尚未可以方域限之也。

太仓虞山画学之传人

清代士夫画法，多宗石谷、麓台；而能上追元人，笔墨醇粹，善变家法，不失其正者，四王之后，有称小四王之号，首推麓台。是大四王以麓台为殿，而小四王又以麓台为最也。其族弟王昱，字日初，号东庄，又号云槎，出麓台之门，山水淡而不薄，疏而有致。王愫，字素存，号林屋，烟客曾孙，山水用干墨皴擦，不加渲染，得元人简淡法。王宸，字子凝，号蓬心，麓台曾孙，山水稍变家法，苍古浑厚，深得子久之学。王玖，字次峰，号二痴，翚曾孙，山水亦变家法，胸有丘壑，特饶别趣。余则王敬铭，字丹思；王诘，字摩也，号心壶；王三锡，字邦怀，皆其秀出者。

华亭沈宗敬，号狮峰，山水师倪、黄，兼巨然法，笔力古健。所画水墨为多，偶作青绿设色，其布置稳惬，山峦坡岫，深浅得宜。李世倬，号榖斋，三韩人，善画山水，兼工人物，花鸟果品，各得其妙。与马退山昂游，昂工青绿山水，故宗传醇正，而笔亦秀隽，非但得诸舅氏高其佩之指授也。

黄鼎，字尊古，号独往客，常熟人，山水笔墨苍劲，气息醇厚。游梁宋间，所历名山水，及见古人真迹颇多。张宗苍，字墨岑，吴县人，淡墨干皴，神气葱蔚。张鹏翀，嘉定人，号南华，长于倪、黄法，云峰高厚，沙水幽深。

唐岱，字静岩，满洲人，山水布置深稳，著《绘事发微》，自言潜心画艺三十余年，塞外游归，追踪往古，日事翰墨，因举前人言有未尽者，略抒管见。

董邦达，号东山，富阳人，谥文恪。山水取法元人，善用枯笔。钱维城，号稼轩，丘壑幽深，气韵沉厚。古人画山水多湿笔，故云水晕墨章。元季四家，参用干笔，而仲圭犹重墨法。作者贵知干湿互用之方，尤以淹润为要，所谓"元气淋漓障犹湿"，湿非墨猪，是在用笔有力也。

扬州八怪之变体

淮扬画家，变易江浙之余习，师法唐宋，工者雅近金陵八家，粗者较率于元明诸人。兴化顾符稹，字瑟如，号小痴，能诗善书。少从父宦游，父卒家贫，卖画自给。山水人物，学小李将军，工细入毫发。上阮亭赠诗，有"丹青金碧妙铢黍，近形远势工豪芒"之句。袁江，字文涛，江都人，与弟耀，咸善山水，楼阁略近郭忠恕。因购一无名氏所临古画稿，效法为之，遂大进。其工者不让瑟如，盖宗唐法也。张釜，字宝岩，号夕庵，宗宋元大家，尤得石田苍秀浑厚之气。高邮王云，字汉藻，号清痴，父斌画花卉有黄筌、边鸾笔意，汉藻楼台人物山水多工细之作，驰名江淮间。

自僧石涛客居维扬，画法大变。杭人金农，字寿门，号冬心；闽人华岩，字秋岳，号新罗山人，相继而来，画山水人物花卉，脱去时习，力追古法，学者因师其意。李方膺，字虬仲，号晴江，画松竹梅兰。汪士慎，字近人，号巢林，善墨梅。高翔，字凤冈，号西唐，甘泉人，善山水。边寿民，字颐公，淮安人，写芦雁。郑燮，号板桥，善书画，长于兰竹。李鳝，字宗扬，号复堂，兴化人，善花鸟。陈撰，字楞山，号玉几，仪征人，善写生。罗聘，号两峰，歙籍寓邗江，善人物，画《鬼趣图》。时有扬州八怪之目。要多宋元家法，纵横驰骋，不拘绳墨，得于天趣为多。

金石家之画

书画同源，贵在笔法。士夫隶体，有殊众工。程穆倩以节义见高，丁元公以孤洁自许，人品学问超轶不凡，皆不得徒以篆刻目之。高凤翰，字西园，号南村，又号南阜，工篆隶镌刻，山水纵逸，画以气胜。宋保淳，号芝山，又号陡陬，山西安邑人，工山水花鸟。丁敬，字敬身，号钝丁，又号龙泓山人，画有仙致。巴慰祖，字予藉，歙人，山水似方方壶，笔墨古厚。桂馥，号未谷，山东曲阜人，画工倪、黄。黄易，号秋盒，一号小松，画访碑图，山水淡雅。吴荣光，号荷屋，广东南海人，画设色山水，兼写花卉。吴东发，字侃叔，浙江海盐人，山水用焦墨。朱为弼，字右甫，号椒堂，侨浙江之平湖，工山水花卉。赵之谦，字㧑叔，会稽人。张度，字和宪，长兴人。胡义赞，字石查，河南光州人。山水人物各有专长，能文章，精书法，得金石之气者也。

汤戴继响四王之画

言山水画者，于清代名家称四王、吴、恽，又曰四王、汤、戴。恽虚而吴实，扰之汤疏而戴密也。汤贻汾，号雨生，晚号粥翁，武进人，壬子殉难，谥贞愍。画山水蔬果墨梅，高旷疏爽，笔意简洁，著《琴隐诗钞》。

戴熙，字醇士，一号鹿床，钱塘人，庚申殉难，谥文节。山水花木，气息冲澹深厚，盖学王廉州。著《习苦斋画絮》。汤官浙江协副将，以风雅被谤；戴官刑部，以画忤当道当官，卒因归田，得以优游画事，致成令名。

沪上名流之画

画士游踪，初多萃聚通都。互市以来，橐笔载砚者，恒纷集于春申江上。南汇冯金伯，字南岑，号墨香，官训导。山水气韵生动。寓沪住曹浩修之同兰馆。著《墨香斋画识》。昭文蒋宝龄，字子延，号霞竹。山水清逸。寓小蓬莱，与诸名流作画叙，著《墨林今话》。无锡秦炳文，字谊亭，画师元人。华亭蒋确，字叔坚，号石鹤。山水花卉用焦墨勾勒，再以湿笔渲染，尤精画梅。客豫园。改琦，字伯蕴，号香白，又号七芗，别号玉壶外史，家松江。李廷敬备兵沪上，主盟风雅。七芗甫弱冠，受知最深，画学精进，人物仕女，出入龙眠、松雪、六如、老莲诸家。山水花卉兰竹小品，妍雅绝俗，世以新罗比之。好倚声，故题画之作，以词为多。费丹旭，号晓楼，乌程人。工仕女，旁及山水花卉，轻清淡雅。寓沪甚久。中多江浙之士，崇尚四王、吴、恽，参之新罗，而沉着浑厚之致，抑已鲜矣。

沈焯，原名雒，字竹宾，吴江人。初画人物花卉，后专工山水，以文氏为宗，参董思翁笔法。胡公寿、杨伯润辈皆师之。胡公寿，名远，以字行，华亭人，号横云山民。画山水兰竹花卉。买宅东城，颜所居曰寄鹤轩，与方外虚谷交游。杨伯润，字佩甫，号南湖，又号茶禅，嘉兴人。父韵藏名迹颇多，伯润幼承家学，临古不辍。其画初尚浓厚，中年渐平淡。有《语石斋画识》。虚谷，姓朱氏，籍本新安，家于广陵，官至参将，后被薙入山，不礼佛号，以书画自娱。山水花卉蔬果禽鱼，落笔奇肆。有《虚谷诗录》一卷。山阴任氏以画名者颇多，可比于金陵胡氏，楮笔盈架，不啻满床笏焉。任熊，字渭长，萧山人，画宗陈老莲。人物花卉山水，结构奇古，画神仙道佛，别具匠心。寄迹吴门，偶游沪上，求画者踵接。有《于越先贤传》、《列仙酒牌》等画谱行世。与姚梅伯燮友善。弟薰，字阜长，以人物花卉擅名。渭长子预，字立凡，工山水，别辟蹊径，性极疏放，喜画马。时与渭长同时同姓者，有山阴任颐，字伯年，笔力超卓，花卉喜学宋人双钩法，山水人物，无不兼善，白描传神，自饶天趣。

吴人顾沄，字若波，山水法古，清丽疏秀。镇海陈允升，字纫斋，号壶舟，山水生峭幽异，笔力坚凝。秀水张熊，字子祥，别号鸳湖外史，花卉古媚，山水力追四王、吴、恽，笔意老到。吴毅祥，字秋农，山水师文唐，工于画松，设色稚古。蒲华，字作英，善画竹兼花卉，皆不愧于老画师也。

绘事精能，常推轩冕。以其泽古之深，宦游之远，见闻既广，笔墨自清也。吴云，字少甫，号平斋，晚号退楼，又号愉庭，归安人，官江苏知府，善山水，兼枯木竹石。吴大徵，字清卿，号恒轩，吴县人，官至巡抚，山水法古，颇存矩矱。江浙能画之士，多所吸引，尝仿吴梅村祭酒作《续画中九友歌》，亦艺林中足称好事者已。

通都大邑，冠盖往来，文节之士，轮蹄必经；然有不必尽寓沪江，而画事流播，名著远近者。迩年维扬陈崇光，字若木，画山水花鸟人物俱工，沉着古厚，力追宋元。怀宁姜筠，字颖生，工山水，中年笔意豪放，晚岁师五谷，名噪京师。沈翰，字韵笙，宦湘中，山水师王蓬心，纵横雅淡。郑珊，字雪湖，家皖上，山水笔力坚凝，设色静雅。此近古中之尤佼佼者也。

闺媛女史之画

虞舜之妹，嫘为画祖，后嫔贤淑，代有传人。谱录传记诸书，别类分门，多所称述之者。年代绵邈，姑存其略，举其较著，以见一斑。南唐则江南童氏，学出王齐翰，工道释人物。宋则仁怀皇后朱氏，学米元晖，着色山水甚精妙。文氏，同第三女，张昌嗣母，尝手临父作《黄鹤幛》于屋壁。杨娃，宁宗皇后妹，写《琴鹤图》。艳艳，任才仲箧室，善着色山水。金则谢环，小字阿环，山水学李成，竹学王庭筠。元则管道升，字仲姬，吴兴人，赵孟𫖯室，墨竹兰梅，笔意清绝，为后人模范。

明代则有吴娟，字眉生，画学米元章、倪石林，竹石墨花，标韵清远，归汪伯玉，时称女博士。邢慈静，临清邢侗字子愿之妹，善墨花，白描大士，宗管道升。仇氏，杜陵内史仇英女，山水人物，绰有父风。李因，字今生，号是庵，会稽人，海宁葛征奇室，花鸟山水俱擅长。李道坤，姓范氏，东平州人，山水仿倪云林，亦作竹石花卉。北方学画，自李夫人始。傅道坤，会稽人，山水摹仿唐宋，笔意清洒。此皆闺秀之选也。至若马守贞，字湘兰，小字元儿，又号月娇，时以善兰，故湘兰之名独著。兰仿赵子固，竹法管仲姬，俱能袭其余韵。杨宛，字宛若，亦工写兰。虽或寄籍平康，仳离致叹，要其清淑之气，固自不凡也。

清初，吴中文俶，字端容，奇花异卉，小虫怪蝶，信笔而成。海宁徐粲，字湘苹，号紫管，陈之遴室，仕女得北宋傅色笔意。晚年专画水墨观音，间作花草。秀水陈书，号上元弟子，晚年自号南楼老人，花鸟草虫，笔力老健，渲染妍润，深得南田没骨遗意。亦画佛像。胡净鬘，陈老莲箧室，善花鸟草虫。崔青蚓二女皆王画，见称于王渔洋。恽冰，字清於，南田之女；马荃，字江香，元驭之女；花卉皆有父风，妙得家法。蔡含，字女萝，工山水人物禽鱼；金玥，字晓珠，山水摹高房山，亦善水墨花卉，称为两画史，皆如皋冒辟疆姬人。徐眉本姓顾，字横波，合肥龚鼎孳簉室，山水天然秀绝，兰竹追摹马守贞。黄媛介，字皆令，秀水人，画似吴仲圭。杨芬，字瑶华，吴人，兼工诗画，仕女秀丽。方畹仪，号白莲居士，歙人，罗聘室，善梅花兰竹。董琬贞，字双湖，武进汤贻汾室，工画梅。其女嘉名，字碧生，工白描人物，画法之妙，出自家传。吴玠，字玉卿，桐城吴廷康女，画花卉，咸丰中，殉寇难。任雨华，萧山任伯年之女，工山水，有家法。盖多收藏繁富，学有渊源，故于耳濡目染之余，见其妙腕灵心之致，非以调脂抹粉，徒博虚声已耳。

结　论

学者师今人，不若师古人；师古人，不若师造化。所谓师古人者，非徒工临摹而已。古人已往，历代名家，不啻千万，拘守一二家之陈迹，固不足以发扬一己之技能，即遍习群贤，亦虑泛应而无当。要知古人之画，其精神在用笔用墨之微，而不专在章法之变换。名家之章法，既有各异，古今学者，无不师之。学之如牛毛，获者如麟角，一代之中，学画之人，计有千万，其成名者或数十人，或数百人，而卓成大家，可为千古所师法者，不过数人耳。三代秦汉远矣，如晋魏之顾、陆、张、展，唐之李思训、吴道子、王维，五代北宋之李成、范宽、郭熙，以及荆、关、董、巨，南宋之刘、李、马、夏，元明之高房山、赵鸥波，元季之黄、吴、倪、王，以至文、沈、唐、董，明季江浙轩冕隐逸诸贤，落落可数。前清自娄东、虞山，接轨玄宰，画史益多。其后专尚临摹，艺事寝焉。惟方小师、罗两峰、华新罗，温故知新，可称杰出。盖师古人，必师古人之精神，不在古人之面貌。面貌有章法格局，人所易知易能。精神在用笔用墨之微，非好学深思不能心知其意。知用笔用墨，古人之意，极其惨淡经营，非学养兼到，不能得之。此古人之写意，与后世之虚诞不同。虚诞之习，即由胆大妄为而成。然而开拓万古之胸襟，推倒一时之豪杰，非从古人精神理会，而徒求于形貌之似，无怪其江河日下，不至沦胥以亡不至。故学古人，重神似不重貌似。面貌随时可变，精神千古不移。如行路然，昏夜游行，不得途径，有灯火之明，不患颠踣失路之叹。古人画迹之精神，见之记传著录评论考证，皆后学之灯也。一灯之微，而得康庄之道，由此而驰骋于光天化日之下，为不难矣。

梅花古衲传

渐江，俗姓江，名韬，字六奇，歙之寒江村人。晚年定名弘仁。为前明诸生。少孤贫，性狷僻，以铅椠养母。一日，负米行三十里，不逮期，欲赴练江死。母殁后，不婚不宦。游幔亭，皈依报亲。甲申以来，遇古航禅师，遂祝发为僧。自言近溯浮溪，始知二十四源孕奇于此。沿口以进，寥廓无量，两山辖云，涧穿其腹，老梅万树，倒影横崖，纠结石罅，寒漱浑脱，根将化石。当春夏气交，人间花事已尽，至此则香雪盈壑，沁人肺腑，流荙巾帻，罗浮仇池，并为天地。因念单道开辟谷罗浮，晓起惟掬泉注钵，吞白石子数枚，淡无所为，心向慕之，荒坛断碣之隙，将劚香茆老是乡而解蜕焉。后返新安，数游黄山，往来云谷、慈光间。尝叹武夷之胜，胜在方舟泳游，而黄山之奇，海市蜃楼，幻于陆地，殆反过之。居十余年，挂瓢曳杖，憩无恒榻。每寻幽胜，则挟汤口聋叟负砚以行。或长日静坐空潭，或月夜孤啸危岫。倦归则键关画衲，欹枕苦吟，或数日不出。山衲踪迹其处，环乞书画，多攒眉不应。顷忽涤砚吮笔，淋漓漫兴，可数十纸，不厌也。云谷僧尝为其祖益师请书塔铭，师为踞石运思，笔致道逸，得晋魏风味，传之艺林，以为海岳书《龙井方圆庵记》今再见也。临文构义，灏汗坟典，淳倬严气，雅自矜慎，不轻示人。唯画禅一门，稍匿研讨，遂尔称尊作祖。江表士流，获其一缣一箑，重于球璧。磅礴之余，间有吟弄小诗，极妍风味。师皆随乞散佚，不经意聚。又尝遍征好事，沿帧索题，旋辑手抄，得若干首，目曰《画偈》。邑子许芳城楚序之，谓为县公七赋，未窥全豹，秘演弘编，止啖一脔。予以缅想风流，挹兹矜抱，亦前哲高踪，墨池笔冢之雪泥鸿爪也。若仅为艺事家现身说法，争俎豆于骚坛画史间，非渐师意矣。然所作画，层峦陡壑，伟峻沉厚，以北宋风骨，蔚元人气韵，清逸萧散，意在方壶、子华之间。王阮亭称新安画家，宗尚倪黄，以渐师开其先路。斯言良信。

岁壬寅冬，师至自郡，将游庐山。友人王雄右自芝山移书为裹鹤粮，余子敬给健力为负缾钵经卷，吴圣卿为赠筇竹一枝，以驭奇险，复解羊裘，为温破衲。于是饱饫星霜，遍参尊宿，少文游足，振锡言归。灭影林皋，证寻初地。旧侣雅赠，已臻十供。故其清玩，有宋椠汉书、云林书画卷、黄鹤山樵挂幅、淳化祖拓帖、古坑歙砚、梅花瘿瓢、羊角竹杖、击子铜炉、古瓷磐洗、定州蒌根瓶、阳羡匏壶诸品。贵既异夫珠缯，业自归于泉石，是诚对扬古德，足企前修者已。既而还自庐山，道过丰溪，吴不炎兄弟留憩旬日。洎同其叔氏惊远偕与放筏西干，携先世所藏右军《迟汝帖》真迹，及宋元逸品书画凡数十种。其犹子允凝。呼舟贳酒，就荫石涳，瀹茗焚香，纵观移日。程蚀庵守亦从南岸鼓枻而至。评赏之余，佐以雄饮。不炎命小史度曲，允凝索长笛和之，一时溪山翰墨，辐辏胜缘，丝竹清音，咸臻妙丽。少焉，夕阳告往，黄岳弄云，光怪陆离，摇曳万状。渐师解衣槃礴，捉纸布图；允凝就其皋坂，畅厥烟溆；虚中流一舟，以待一分写潇洄野泛之致。岂非极嘉会之尚羊，馨友徒之同趣耶？居未数月，师将省墓界口，并诣鸠兹，别汤燕生，然后入山研究性命之学，皆不获如愿。以无疾终。易箦之夕，寻曩时游匡庐脱破芒鞋，若将有远行者，乃掷帽大呼"我佛如来观世音"，竟示寂于五明禅院。院在郡西披云峰前，十寺一峪，唯五明寺孤踞岩阿，下瞰群壑，有泉山出其左，昔题"石淙"二字摩崖，即西干路也。初普门和尚，自五台来新安，未入黄山，即休憩此寺。渐师既归道山，仙源汤岩夫燕生，诔师松下，会同郡缁素之交契者，相与躬负铧锸，疏林剔柯，漉泥薙草，藏厥蜕于五明之西岩，累峰石而塔之。前祠部王芦人泰征为铭，程蚀庵书之于塔门，许芳城撰师归塔文。莳梅花数十本以大招之，从师志也。故世称为梅花古衲云。

论曰：荀卿有言，"志意修则骄富贵，道义重则轻王公"。明祚终移，神皋横溃，士之蕴藉义愤甚矣。是时裂冠毁冕，相携持而去者，不可胜数。至或韬晦姓氏，遗弃妻孥，肥遁荒野，终自槁饿而不之恤。扬雄曰："鸿飞冥冥，弋者何篡焉。"言其虑患之远也。渐师含濡道根，涤荡尘涅，慨夫婚宦不可以洁身，故寓形于浮屠；浮屠无足与偶处，故纵游于名山；名山每闲于耗日，故托欢于翰墨。是以容与坟丘，沉酣林壑，终有坚贞之操，而无悔吝之心，诗人考槃之歌，抑在兹矣。叔季浇

漓，礼教凌替，猥琐龌龊之子，悉断断于利禄，躬蹈庳污，犯
不韪而无羞愧；而有心世道者，方将兴怀古昔，缅想高踪，思
得一二独行耿介之士，有以立懦夫之志，戢贪竞之风，举世滔
滔，微斯人其谁与归乎？

石谿石涛画说

我国绘事，笔意机趣，至元代而发露之极。盖其笔墨功力既深，运笔之际，自然气韵生动，天机精妙，故能含刚劲于婀娜，寓奇巧于平淡，有北宋名贤变幻之景及自然丘壑之神气，而一挽南宋院体嵌青雕绿之作气、马夏肆意之霸气焉。洎至明代，画者致力于用笔，惟恐力之不至，而未能如元人之化于柔。故苍老如沈石田，仿云林亦不免太过。蓝田叔以后，浙派传至张平山、吴小仙辈，荒野之气，溢出缣素间，文人雅致，簸荡无余矣。

明社沦亡，气节之士，有不乐于仕进者，则多岩栖缁流，胸中坎坷不平之气，恒发之于诗与画。而当时晋唐遗迹，获观非艰，遗逸之士，又多诗书之陶养，奇山灵水，即在柴门板扉几席之间。沙门中，更能以佛理参画理，人工证化工。故其成功之作，直凌文沈，而上与倪黄争席。其尤者，世传二石，曰石谿，曰石涛。

石谿名髡残，一字介邱，号白秃，又自称残道者。湖广武陵人，俗姓刘，二十岁削发为僧，后至金陵，居牛首山上，为堂头和尚。性孤僻，寡交际，居寺中，闭关参禅，偃仰寂然者动经岁月，而勃然孤高之气，唯发之于诗情画意中。故虽一铛一几，而奇山异水，人物舟车，悉奔赴于腕底。又富于学力，故一画既成，辄如龙行空，如虎踞岩，草木风雷，自生变动，岂所谓"笔所未到气已吞"者耶？诗亦如其人如其画之不拘格调，不屑摹拟，不事藻砌，而多寓禅理。钱牧斋、周栎园之流颇重之，亦间有唱和，而石谿固不屑伍披屈节，之所以为之者，殆有所不得已耳。故施愚山尝言"与石谿和尚为方外交，而未索其画，今甚悔之"，可想见已。平生所契合者，仅张怡瑶星、程正揆青溪，而与青溪尤友善。青溪居金陵时，时相过从，辄讨论画理，互相切磋，所作多青溪为之题。龚半千尝言：金陵画家能品最夥，逸品则首推二谿，青溪画如董华亭书法，石谿则如王孟津，百年来论书法，则王、董二公应不让，若论画笔，则二谿又奚肯多让乎哉！信笃论也。

石谿画，初学董香光，故有极相似者。而细密之作，又神似黄鹤山樵。晚年笔法得实中之松，沉郁跌宕，别创一格。张庚称其画全从蒲团上得来，信不虚也。其自题画云：画于无痕者，始称上乘。然得三昧，毕竟学问有成，如水到渠行。衲于经课之暇，信手所为，皆从无意。又云：画者，吾之天游也。志不能寂五岳，无济胜之具，索之残煤短楮之间，聊以卒岁耳。则其为画，全系写心胸之情感，则倪云林所谓写胸中之逸气，非以沽名钓利为也。又云：书画文章，此中关捩，假于天不假于人者也。吾道所谓无师智者，才一拈出，自别常情。山谷云：一丘一壑，要须其人胸次有之，若单单摹拟效颦，禅家呵为仆见婢子边事耳。黜形似而任自然，可谓不朽之论也。

　　石涛，名元济，广西全州人。明靖江王十世孙。谱名若极。国亡后，衣儒衣而僧冠，自号大涤子，居大涤堂，又号苦瓜和尚、瞎尊者。或问曰：师双眸炯炯，何自称瞎？答曰：吾目自异，遇阿堵则盲然，不若世人了了，非瞎而何！其性之磊落耿介，可想见矣。弱冠即工书法，为僧后，乃遍游宇内名山大川、五岳四渎，而画益进，书益工，诗益豪。盖造化灵秀之气，有以启之也。石涛交游素广，遗老如梅远公、高西塘，王公贵人如博尔都、吴肃公。博氏富收藏，常假之临摹，临毕即以为赠，故早年所画，博氏所得独多。而博氏者，清之辅国将军也。清康熙南巡，石涛曾献画，或有以之比宋赵彝斋者，过矣。老年更作道士装。死后，高西塘独敦友谊，为之扫墓云。有兄释亮，字喝涛，号鹿翁，驻节孤山，能诗画，与石涛齐名而寡知者。或赠与八大山人为叔侄行，不可考也。

　　黄山山水甲天下，自古人多登览之。石涛以超逸之笔墨，图造化之神奇，于黄海松云，所得尤多。故其山水，峰峦雄浑，烟云变灭，笔姿夭矫而不悍，设色浓重而弥清。早年笔如游丝，工细纤巧，晚年放笔直扫，纯以气胜，而张浦山称其大幅气势未能一贯，失之远矣。人物则衣纹道劲，栩栩如生，置之青山白水间，直堪引人入胜。间作花卉，亦能兼诸长，别创一体，纵逸之气，可与徐青藤媲美。墨竹则藏规矩于粗乱之中，追踪文、苏。诗或幽雅，或豪放，颇为时贤所重。书法晋人，行草为上，兼工隶书，古朴拙雅，迥无媚态。论者谓其书高于其画，而石谿则书不如画云。复精画理，著《苦瓜和尚画语录》，辞意玄妙，为后世法。题识尤多卓见。尝言：画有南北宗，书有二王法，张融有言：不恨臣无二王法，恨二王无臣法。今问南北宗，我宗耶？宗我耶？一时捧腹曰：我自用我法。又曰：古人未立法之先，不知古人用何法：古人既立法之后，便不容今人出古法。千百年来，遂使今人不能一出头地也。师古人之迹，而不师古人之心，宜其不能一出头地也。此所谓不求形似于古，而求神似于我之意也，则其画如天马行空，不事羁绊，明矣。

龚半千

柴丈人以画名掩其法书，卷轴题识，洋洋洒洒，诗词跋语，靡不隽永。有行草书白面扇纸一阕云：好凉秋，夹衣初识香罗绸。香罗绸，闲阶白露，虫语啾啾。班姬团扇休应休，返时芳物留难留。早知事去，特地风流。"龚贤"二字款，引首"半亩"朱文印，"龚肾印"、"半千"二印。字大径寸，极飞腾天矫之致。又题小册五言律诗一首云：一见偶然事，生平旧所知。道衰宜纵酒，世乱莫谈诗。殊有战争地，全虚归隐期。老情渐萧散，后此漫相思。"与杜濬书应幼量"上款，款为"东海隐士龚贤"，"半千父"朱文印，诗载其所著《草香堂集》。画纸本淡设色，云山幽邃，林木萧疏，左角"半千"朱文印，令存行箧中。曩见一长卷作水墨画，因价昂，不能致，录其自题跋云：事不师古而能胜人者，未之闻也。然师古讵易言哉？一峰道人、云林高士，画皆学董元，其笔法俱不类，譬若九方皋相马，在神骨之间，牝牡骊黄皆勿论也。余少不更事，临文戏墨，皆以仿效为可鄙，久之卒无出古人范围。今且屈首窗间，清心细虑，已悔迟却二十余年矣！顷作此卷，其得失各半，较向之纯用才气者，觉稍加一筹矣。吾友鼎臣，近颇好余笔墨，持此归之，恐亦宋人之宝燕石也。记此一笑。邗江久客龚贤。坩歙人吴仅庵跋云：万历庚戌，余从家江村过秀水项氏宅，观旧人书画，见唐郑广文山水大幅，始知董巨用笔，皆出入其间。元人画法疏秀，为近代所称，惟梅道人不失广文本色耳。明朝画史以石田为最，亦未尝有仿郑之笔。吾友半千，一丘一壑，无不绝似广文者，而气韵生动，吞吐烟云，非真有性灵者，不能及此。此卷又以董巨而兼营丘，画法与家尔世所藏屏子十二幅，当共传不朽耳。辛丑冬，因过鼎臣宗兄斋头，出此见示，漫书数语。仅庵吴揭。烟云过眼，忽忽四十年，不知令落谁手，而跋语均未见之著录。因知柴丈人笔墨，全自唐宋人得来，以神似不求貌似，真绘事之丹诀也。《江宁志》称：半千山水超迈群品，人罕能窥秘奥。而张浦山《画徵录》谓：龚半千画笔得北苑法，沉雄深厚苍老矣，惜秀韵不足耳！然观程青溪言：半千用笔如龙驭风，如云行空，隐现变幻，渺乎其不可穷。蓋以韵胜，不以力雄者也。见程青溪集。息柯居士杨翰至谓浦山著《画徵录》，只知论画史之画耳，笔墨外别有性情气味者，是真秀韵，岂能以律高士哉！青溪有与半千书曰：画有繁减，乃论笔墨，非论境界也。北宋人千丘万壑，无一笔不减，元人枯枝瘦石，无一笔不繁。曩曾有诗云：铁干银钩老笔翻，力能从减意能繁；临风自许同倪瓒，入骨谁评到董源？悟此解者，其吾半千乎？书见周亮工《结邻集》。青溪此论，可谓真知半千者矣。半千早年厌白门杂沓，移家广陵，已复厌之，乃返而结庐于清凉山下，茸半亩园，栽花种竹，悠然自得，足不复蹈市井，惟与方盉山、汤岩夫诸遗老过从甚欢，笔墨之外，赋诗自适，性孤僻，与人落落难合。其画扫除畦径，独出幽异，自谓前无古人，后无来者，良不虚也。施愚山作半千像赞云：人推诗老，自称柴丈。名不可逃，俗不可向。尊酒陶然，笔墨天放。投迹嚣中，寄情霞上。王渔洋言：半千工画，爱仿梅道人笔意，尝自写小照，作扫落叶僧状，因名所居为扫叶楼，颠倒用小印二于帧末，而不署名。又半千尝有辞屈翁山乞画书云：足下素无知画之明，仆不欲足下有知画之名。倘足下有知画之明，而重余诗，安知非重余画而并重余诗也？惟足下素无知画之明，而重余诗，此真知余诗也。仆且不欲以余画而溷余诗，肯又以此溷足下哉？倘足下必欲余画，仆知足下辞家二十年，出游五万里，一至九边，再登五岳，生身南海，问渡江汉，凡世间之雅泉片石，古冢遗碑，无不考之于图，纵横之于心目，仆将乞画于足下，足下反欲溷余之余潘耶？此仆之宁负罪戾，而敢奉教也。以屈翁山当时才名之大，天下士莫不乐与交游，乃半千独避之若浼，并一纸书画而不之许，虽曰人生静躁不同，趣舍各异，而亦可见知音与不知音，事难强合，不欲明珠暗投，此则半千之品所由高也。半千《草香赏集》拟梓行，未久已就焚毁，今亦罕观。曾记其集外诗云：最爱山中居，山中有薄田。高原儿惯种，精舍我闲眠。二月到八月，莺天与筠天。更无愁苦事，那得不长年？有梁公狄者，与半千书云：亟欲过幽居，孤桐静竹间茗话半日，奈解缆匆匆，不得消受清福，命也如何！佳画须密如无天，旷若无地，赖此以过残夏也。留

第三辑 古画微

一使在道院以待。观此亦足见其情怀之高洁，而赏音者复不少。其墨迹流传，近世所见，颇多当时赝本临摹之作。故金陵八家画，后人恒以纱灯派薄之，言其徒有面貌，而无神韵，仅足供拙匠之描本而已。时周栎园筑读画楼，收藏名人墨迹，有程青溪画山水一帧，半千题云：今日画家，以江南为盛；江南十四郡，以首郡为盛。郡中著名者且数十辈，但能吮笔者，奚啻千人。然名流复有二派，有三品，曰能品，曰神品，曰逸品。能品为上，余无论焉。神品者，能品中之莫可测识者也。神品在能品之上，而逸品又在神品之上，逸品殆不可以言语形容矣。是以能品、神品为一派，曰正派；逸品为别派。能品称画师，神品称画祖，逸品散圣，无位可居，反不得不谓画士。今赏鉴家见高超笔墨，则曰有士气，而凡夫俗子于称扬之辞，寓讥讽之意，亦曰此士大夫画耳。明乎画非士大夫事，而士大夫非画家者流，不知阎立本乃李唐丞相，王维亦尚书右丞，何尝非士大夫耶？定以高超笔墨为士大夫画，而倪、黄、董、巨，亦何尝在缙绅列耶？自吾论之，能品不得非逸品，扰之乎别派不可少正派也。使世皆别派，是国中推高僧羽流，而无衣冠文物也；使画止能品，是五斗、颜阖皆可役而为皂隶，巢父、许由皆可驱而为牧圉耳。神、逸二品，均为画之极诣，不可固别高下，半千之论，信不诬矣。又有半千长卷，自题跋云：庚申春，余偶得朱库纸一幅，欲制卷，畏其难于收放；欲制册，不能使水远山长，因命工装潢之，用册式而画如卷，前后计十二帧，每帧各具一起止，观毕伸之，合十二帧而具一起止，谓之折卷也可，谓之通册也可。然中有构思措置，要无背于理，必首尾相顾，而疏密得宜。觉写宽平易而高深难，非遍游五岳，行万里路者，不知山有本支而水有源委也。是年以二月濡笔，或十日一山，五日一石，闲即拈弄，遇事而辍，风雨晦冥，门无到啄，渐次增加，盛暑祁寒，又且高阁，谁来逼迫，任改岁时，逮今壬戌长至而始成，命之曰溪山无尽图。忆余年十三便能画，垂五十年而力砚田，朝耕暮获，仅足糊口，可谓拙矣！然荐绅先生不以余之拙，而高车驷马，亲造荜门，岂果以枯毫残沈有贵于人间耶？顷挟此册游广陵，先挂船迎銮党，托友人座上，值许葵庵司马，邀余旧馆下榻授餐，因采余笥中之秘，余出此奉教。葵庵曰：讵有见米颠抽中石而不攫之去者乎？请月给米五石，酒五斛，以维其身何如？余愧岭上白云，堪自怡悦，何意谬加赞赏，遂有所要而与之，尤属葵庵幸为藏拙，勿使人笑君宝燕石而美青芹也。此卷自称作于庚申至壬戌，当系清康熙十九年至二十一年，盖移家广陵之初，即有强索之者，后已生厌也。半千之画，粗笔细笔，各极其妙。画柳自谓循之于李长蘅。山水有用墨极浓重者，而不乏清英之气。此由其胸次高旷，所谓山泉膏肓，烟云痼癖，抽毫洒墨，动见性情，诗人之画，固未可以形迹求之。息柯居士言：在都门得半千小幅，全仿云林秋林亭子，笔墨精绝，卷之仅尺余，便携行箧。其论云林不专以寒瘦胜，足为学倪画者模楷。又得一中幅仿米，用笔如草如篆，大混点，元气淋漓，蒸湿纸上，得北苑之神髓。画上题字，草书径寸，其奔放如米颠，其遒逸似山谷，自题云：米颠写画可比怀素草书，宗门教外别传也，可为知者道。又黄白山有《寄龚野遗》诗云：忆昔维扬把臂新，与君知己二三人。披图散轶常终日，问酒寻诗不隔旬。间人石门求大药，老归锺阜作遗民。从兹别去相间阔，江树江云几度春。白山名生，善画，有《一木堂诗集》。半千有授徒画稿，有印本，尝著《画诀》，以授初学，故多浅语。又传称半千殁后，曲阜孔东塘客游广陵，为经理其后事，抚其孤子，并收其遗文焉。

黄宾虹
自述

第四辑

宾虹书简

宾虹书简

与王任之

任之世先生大鉴：昨诵手书，惠贶鳜鱼多珍，悉收感荷。梅君画笔，茜秀可嘉。能多见古迹，多闻画论，努力上乘，不难成功。惟时习轻薄促弱，不从浑厚华滋六法正轨筑基。国家研究人才，亦不及欧美诚实；且缺乏美术馆及乡邦文献之参考，造就后学，非常困难，加之兵联祸结，不可思议。兹将三册先此奉还。从来文艺，乱世崛起奇杰为多，古物沦散，道路奔走，皆是磨炼精神之处，告其发愤加勉尤盼。拙画花卉，聊此伴函。一笑。抵候道绥。宾虹拜上。

与王伯敏

伯敏仁兄：昨得手书并近作，深以天资学力具有优长为喜。原件附邮，查收可也。现今研究书画，先从古人遗迹详审源流派别，参以造化自然，抒写自己性灵。百年来海上名家仅守娄东、虞山及扬州八怪面目，或蓝田叔、陈老莲，惟蒲作英用笔圆健，得照书法，山水虽粗率，已不多靓。此外，如陈崇光、何媛叟、赵之谦、翁松禅，画传不详，精品稀如星凤。道咸名贤包慎伯、周保绪、郑子尹，虽珂珞版，俱无觅处，良可浩叹。中国学者自乾嘉来，奚冈以高丽国王索画致重名，周少白等无不游日本、朝鲜。日本大村西崖氏著《中国文人画之研究》，考据颇精确，惜未能见中国道咸间之文人画，故未能周全。道咸之间，内忧外患，风涌云起，常州学派昌言革命，至戴子高望与赵扱叔、翁松禅皆承其流。画尤不能不推崇邹衣白、恽本初、笪重光、朱竹垞诸人。即最近之罗颂西振镛著《画话》及《画余随识》，论画与其自画，求之已不可得，询之友人，已多不知；自云与高邮宣古愚为表兄弟。其载陈若木轶事，为画传并无陈姓名。回忆我二十余岁初至扬州时，有姻戚何芷舫、程尚斋两运转，宦隐侨居，家富收藏，出古今卷轴，尽得观览。因遍访时贤所作画，先游观市肆中，具有李莲溪习气。闻七百余人以书为业外，文人学士近三千计，惟陈若木画花卉最著名，已有狂疾，不多画，索价亦最高；次则吴让之廷飏，为包慎伯所传。宋元遗迹，自南巡后多入《石渠宝笈》中。上古三代魏晋六朝画尚内美，有法而不言法，在观者之自悟，作画以不似之似物象者。古人画诀有"实处易，虚处难"六字秘传，老子言"知白守黑"。虚处非先从实处极力用功，好学深思，心知其意，无由入门。画言写意，意在理法之中，学者得于古理法之外，正谓画法。己法当于书法诗文悟山其法。道咸中《艺舟双辑》言北碑书法，而画之墨法始悟，古法胜明贤，然明贤启祯间画亦不朽千古。兄学画，又勤学诗文，兼习之，其理相通，必有大成，幸自珍重。黄宾虹年八十五，戊子冬于栖霞岭十九号。

与卞孝萱

孝萱先生道席：久疏音候，时切神驰。近诵手书，聆悉德业贤劳，著述宏富，至慰至感。画传简略脱漏，元明叔季，隐逸尤多，轶事无闻，诚堪惋惜。清至道咸之间，金石学盛，画亦中兴，何媛叟、翁松禅、赵㧑叔、张叔宪约数十人，学有根底，不为浮薄浅率所囿，虽恽正叔、华新罗尚不免求脱太早。元人集唐宋之精英，辟开蹊径。明至启祯，上追北宋，能以荆、关、董、巨为宗，碑传所载不全，立论尚有偏倚，董而理之，诚为亟务。广陵八怪，高西唐虽学渐江，论著谓其未尽师古，近敝箧收其画梅立轴，笔苍墨润，繁简得中，似在冬心、两峰之上，画史简略，无多佚闻。北京藏书较多，似宜举个人生平、家学、师承、友人、门徒、环境之造就，或编年，或分类。鄙人前十年，有僧渐江、垢道人，就皖南遗逸表彰之。友人瞿君编《中和》杂志曾采入，笔名予向，以向、禽游山以老，慕其为人。若凭一二人之臆见，不足为真评也。况近代画史，尝如《小仓山房诗话》，以得刻书之费为其编辑，抑又下矣。近百年中，陈若木之学识超众，狂疾亦可悯，佚事可传尚多。台端甚素加意，盍先成之。此候文绥。宾虹拜上。

与朱砚英

砚英都讲大鉴：顷诵手书，并尊三纸，聆悉起居，至慰。画之真诀，全在用笔、用意二者努力。古人一艺之成，必竭苦功，如修炼后得成仙佛，非徒赖生知，学力居其大多数，未可视为游戏之事忽之也。庸史之画有二种：一江湖，一市井。此等恶陋笔墨，不可令其入眼；因江湖画近欺人诈赫之技而已，市井之画求媚人涂泽之工而已。如欲求画学之实，是必专练习腕力，终身不可有一日之间断。无力就是描，是涂，是抹。用力无法便是江湖，不明用力之法便是市井。故虞山、娄东易流市井，浙江、扬州易即江湖。论古今画者多在江南。元季四家登峰造极，明人尚知用笔法，常州如邹臣虎、恽香山、庄同生得其正传。新安四家因师其意。入清以后，继起已难其人。欧洲近来研究中国画者不取四王，以其甜而近于市井；不取石涛、八大，以其悍而近于江湖，其识见不可谓不高。然而一代作家成大名家不过数人，其他不能及之者，实宏识与毅力之不逮耳。习画无论如何，当于用笔之法，求其能知能行，求而不得，再加弩力，得有笔法，兼知用意。所以画家题款多云仿某某笔意。"笔意"二字不过空空忽过。其法全在古人论书法之中，意则在北宋元明章法之内，熟视自能知之。高先生近在咫尺，多求其讲古人论书之法，即是道路；再多见名画，不难成功。大作于用笔之法，用功未深，不合自然。自然之道，先由勉强，而后可得。天生之物，人不能造；人造之器，天亦不生。天道自然，经贤哲用许多方法而得之。有时天不如人，可谓剪裁增减，人巧可夺天工，故摄影未可代画。而画之法不在位置而重在笔，不求修饰而贵于意。笔不可乱，意不可混，由分明而融洽，含刚劲而婀娜，此古今不易之理，非此则入于歧途，而无自得之趣矣。附拙作论用笔法，当细参之，如有疑虑，可辨难以求其真确，斯善学也。专此，即询学祉。宾虹谨启。

与朱砚英

砚英女弟鉴：昨邮尊画并拙作小帧，日内谅可照收矣。兹将六尺中堂续寄上，因其边已裁去壹条，来函云是五尺亦可，不必斤斤较量，落市侩气习也。仆近于远方索画者无不应之，惟空函不报，以老年拟整理著述，无暇及此，且识画者今时已少，不愿明珠暗投也。前五十年，中国旧家无不有古画收藏，当时画家尚聆古法，多有研究。自欧风东渐，三仓文字，经传诵习，常图废弃，而通俗之文，仅识教科书与广告画耳。空疏无术者又以推倒古人，自己独造为能，种种荒谬风气流行，而古法荡尽矣。石涛之画，今世界人莫不爱之重之，其外貌似放诞易学，而细按之处皆从古法中出，故自谓古人未立法以前，不知古人用何法；古人既立法以后，我又不能离其法。用力于古人矩矱之中，而外貌脱离于古人之迹，此是上乘。四王、吴、恽只是终身在古人法度之中，不能脱离形迹者，尚且称宗作祖，而毫不究心古法者，妄欲推倒古人与自己独造，其无异于呓语耳。仆平生信而好古，求睹一古人真迹，不远秦楚之路，或力不能购者，虽典质衣履而为之售，今自以为保存少许古法，而欧人已有能见及此者已。宾虹启。

与朱砚英

砚英都讲大鉴：日昨得手书并画，欣慰无似。承询画法，虚衷善受，尤为感佩。古人作画，一如作文，用笔如炼句，有顺有逆。逆是倒装句，是似宋人之诗，不易学，不可不学。虞山、娄东之后，全是顺笔，故画甜而不为鉴家所重。然顺笔亦不易，起讫分明，不可夹杂与有晦涩。唐宋人千笔万笔，无笔不简，简是从分明中悟出，非以多寡论也。用墨如诗文中词藻，先成句法，而后以词藻表明其语意而润泽之。用墨要见笔，犹作文用典要达意。着色是补墨色之不足。墨不掩笔，色用丹青，亦不掩墨。此用墨之法，即设色之法。设色如骈体之文。初唐四杰不如齐梁，洪北江、汪容甫胜于胡天游，以其有清气少浊气耳。设色非取悦观，墨色既妙，即不设色可也。古名画家一笔之中，笔有三折，一点之墨，墨有数种之色，力如高手。若徒修饰为工，虽诗如王渔洋，议者犹以新城爱好讥之诋之者，谓其如一大家庭而乏厕牏。四王之画亦坐此病。近来欧美人尚明白此理，凡我画家不可不明辨之。然四王亦正不易到，今所可见者皆赝本而乏真迹，宜乎画法较诗文尤为难明。至章法一层，尚是易事，多临摹古画，就能明白。古画康熙后可不看，古法已失传矣。鄙人生平留心古书画，凡名家无不参究，于大家力虽不能致，虽典质衣履而购之。如作文必多读周秦、两汉、唐宋古文，其后泛览之而已。此画法要诀也。拙画经数十年之研究，所见真迹不下十万余。近三年故宫南迁之画，精品已罕，从来私家收藏之多，可想而知。北来名画常有所见，而识之者寥寥无几。因不轻应酬闲人之画，恐明珠暗投耳。此复。宾虹手启。

与朱砚英

砚因女弟大鉴：兹诵手书，聆悉厚意垂念衰朽，至以为感。大作前因有女生传观未寄，今取还付邮，略加数笔，用陈簠斋所谓古人金石书画下笔只是力大于身，纯用笔尖钩出，即有时最沉着处亦是生动。今人以轻飘为生动，误认恽南田、华新罗之求脱，而未能下沉着工夫也。现在欧美研究中国画颇多，皆于用笔辨别优劣，不问粗与细之分，只在用笔有力能自然耳。"自然"二字是画之真诀，一有勉强即非自然。用笔之法从书法而来，如作文之起承转合，不可混乱。起要锋，转有波澜，收笔须提得起。一笔如此，千笔万笔无不如此。虽古有一笔书，陆探微作一笔画，王蒙一笔有长十余丈者，仍是用无数笔连绵不绝，非随意曲折为用笔。唐褚河南每写一点，必作 S，此真书画秘诀，用笔之法泄露几尽。积点成线，一画直，无不皆然。至于章法，不过古人自开面貌，不欲与众同，故能自成一家。如仅临摹面貌，不得精神，不能成名。王烟客称法备气至为上。法是面貌，气是精神。气有邪正雅俗之分。语云：非静无以成学。我辈学古，静心观古人精神所寄，是为得之。鄙人蜷伏故都，无日不观古画，颇有精品。不少欧美人皆能知之，且深研究之，中国之学者不能如此，甚为着急。今大

第四辑 宾虹书简

众言艺术救国，以真知笃好为先可耳。鄙论皆肺腑切实之言，非夸大浮伪也。沪上近年惟有傅雷君知我之画，且评论的当，伊办《新语》月刊，不得意，鄙意劝其倡言中国画理，俾欧美人知中国尚有研究之人，为艺术前途或放异彩耳。近来贱目已逊于前，而尚能不倦，每日作画。皖粤诸至友之酷好拙笔者，航邮画件颇不断而来，为衰老人作沽酒以慰劳力，可感可感。宾虹启。

与吴鸣

仲鸣先生道席：前诵手书，并大作画，无任钦佩。国画精神，全关笔墨。格物致知，读书养气，由实而虚，因博而约。《易》言无极生太极。一画开天，笔有转折起讫。《老子》谓道法自然，欧西人云自然美，其实一也。法绘浑厚华滋，兼而有之。尚希公余之暇，读画看山，弗为懈怠。东方艺术，正当世宙重视，振起需人。若将医理贯通，发人未发，古人谓书画为特健药，非虚语已。上次有函件致与新加坡陈景昭君处，误封投递，曾请转寄陈君调回，是否有当？今得渠八月廿六日所发信件，尚未提及，谅在途中不远可到，念念。兹将大作小帧两册，及贵友索为拙画手卷条幅计四件外，又水墨山水、草虫、花卉八条，到祈察存。简笔山水若倪黄一派者，因前明以来，至乾嘉已流空疏，虽文人画，不及学人画远甚。尊见以为然否？余容续及。只候道绥。宾虹拜上。

再者，吴渔山《三巴集》诗中言澳门海边山景颇佳。尊筑松下清斋，闳藏名画。暇中得以简笔勾勒林峦泉石房宇结构寄示，拙笔当为图，以作纪念，幸勿见却。仆前三十年，亦买山于大江之滨，齐山秋浦间，筑屋藏书。南北奔走，经离乱后，久不得归，已非依旧。其地本唐李白与李冰阳游咏胜区，不胜古今之慨。又及。

与汪聪

孝文世先生大鉴：昨晤令弟携手教，并惠徽梨，恧感非可言状。藉聆公余爱搜古书画，尤为佩服。承属题件，在目障中勉题竣工，愧不能佳。春夏之交，各处文联、艺协同志意在提高文化，发奋研究，洵是可敬。兼代介绍人民医院最新医治法，施用刀割目障，住院数月之久，虽是苦闷，最近回寓调养，可以看山读画。变近视为老花，配镜能看报纸五六号小字，而光度已在一千倍极高之间，久用尚觉费力，勉可工作，差堪自幸。拙作《画学篇》长歌，于中国画学升降，略贡臆见。兹以清之道咸名流哲士追求画法胜于前人，以碑碣金石之学，参以科学理化，分析精微，合于宋元作品精神。拟加注释，详叙成帙，先附其略奉鉴，俟脱稿印出再上。徽宁，古之宣歙，文人学士，收藏美备，赏识高深，已超江浙而上。以黄山名胜，山川钟毓特灵，经兵燹后散佚无存，流传于北京、香港，或偶有之。沪市较多，不能久藏。私人力薄，而公家收购，扭于成见，远求晋、唐、元、明真迹，至不易得。四王、八怪以后，除海上名人无过问者，至为缺憾！鄙见以为包慎伯著《安吴四种》、《艺舟双楫》，论书法即古画法。吴让之、陈崇光均得其传。黄左田钺、吴清卿、平斋自称歙人，迁吴及各省者尤多。敝藏近拟编集宣歙古画宗传,自元明至近代,不下百余人。朱璟、王寅、夏基、丁云鹏、詹景凤、渐江僧、汪之瑞诸先哲真迹。台端得瑕,可来杭浏览,合作成书,亦一快事。然北宋画自荆、关、董、巨、二米为一家法,谓为六法兼备,多写江南风景。元人之后,明之启祯,方合作法。及清道咸,如周保绪济、孟丽堂觐乙、宋藕塘光葆、汤雨生贻汾、齐玉溪学裘、翁松禅同龢、伺嫒叟绍基、沈三白复,多有山水画,卓荦不群者百余人,收藏著述,交游博洽,天资学力俱全,非朝臣院体、市井江湖及空疏文人可比。文、沈、石涛、八大,今不足重,道光中已有论及之。余再述。此候台绥。宾虹拜上。

与林散之

散之先生大鉴:得惠函并法绘,均读悉。古画大家全于笔墨见长,溯源籀篆,悟其虚实,参之行草,以尽其变。墨则有积墨、破墨、泼墨、焦墨、宿墨诸法,不徒浓淡二者而已。细笔当如粗笔,以得回环俯仰之妙为佳。近人画学珂珞版影本,墨法全失。是学者不可不求观真迹也。影印品仅供人研究画稿之用,大雅以为然否?大作、拙画均奉。此询日佳。黄宾虹顿首。

与柳亚子

近惠赐《南社诗文集》,阅悉。采辑宏多,猥以下走恶札，羼刊其间，滥竽之俱，前函本非饰词。先生顾不见谅，且重下走之愆，君子爱人以德，果如是耶！窃以学问、道德、文章三者，皆不可假以虚誉。故古人寻常酬应之作，取入刊集过多，已足损品，况以瓦击之鸣，而杂笙璈，其必不能动人清听明矣。鄙意文字贵于精美，以关道德学问为归，非此宁缺毋滥，宁鲜毋藏可也。下走学植荒落，无由进德，惟蜷缩尘市中，岑寂如崖谷，仅摩挲古金石书画，间与一二欧友相研求，稍剖前人拘泥穿凿之感以为快。自谓古人之道与艺，皆于是乎存，而不知其僻隘也。益以世氛日嚣，人生靡乐，故交之士，遭戮辱罹祸乱者，不可偻计，伤何如之！然成务而愤踣，立异而触冒，此非尽庸人，而沉几未深，豪杰与有责焉耳。邦之兀臬，来日大难，先生其何以拯救之！亚子先生道安。质启。

与胡韫玉

朴安先生大鉴：昨辱枉顾，并示公子沩平所作画，敬佩敬佩。获谈尚有未罄，拉杂陈之。画家称"浓、干、黑、淡、湿、白"六字，得用墨之秘钥。近人林畏庐作画，必先调三五色墨水，分别其浅深而用之。此为初学者简易之法，直到熟境，即可不拘于此。盖世俗以水墨淡雅为气韵，以笔毛干擦为骨力，因此误入此途，几数百年无人力辨其非，以学四王徒袭其貌而未深思耳。墨法高下，全关用笔。用笔以万豪齐力为准，笔笔皆从毫尖扫出，用中锋屈铁之力，由疏而密。二者虽层叠数十次，仍须笔笔清疏，不可含糊。如云间派之凄迷琐碎，吴石仙作画，在楼上置水缸，将纸湿至潮晕，而后用笔涂出云烟，虽非不工，识者终所不取，以其无笔也。浓干淡湿中，处处是笔，始无墨猪；用笔有力，始非春蛇秋蚓，然亦不可太过。沈石田于南宋马远、夏珪，皆致力独深，惟不师其面貌，故无剑拔弩张之态，为绘画正宗。明初吴小仙、蒋三松学马、夏，张平山诸人继之，当时谓为没兴马远。马远善用浓淡黑白，明人已能淡而不能黑。非不欲浓，患不白耳。故愈淡愈无精彩。至石田起，能于浓墨法，一变而为唐六如、文徵仲之师。唐学李晞古，其黑人人知之。文学赵松雪，其细笔者，世不之重；其粗笔者，谓之"粗文"，极浓黑可喜。意师吴仲圭而稍变之者，得其一幅，可抵十幅。赏鉴者非喜其浓黑而厌淡与自，正骇其淡与白非浓且黑不足以显之，翻觉水墨之淡者，非但不黑，并且不白，与古人深厚浓郁之趣不侔。故惟浓黑淡白兼施，而以干湿副之，笔墨之能事方见。沈石田、唐六如、文徵仲，皆吴人，文弱之区，观其笔墨，何等沉雄桀骜，豪无娟秀靓好如所谓修饰涂泽者，乃能震曜千古，垂名不朽。其后效之者，渐即于轻秀浮薄。太仓、廉州、石谷，虽变其法，而弱已甚。麓台矫然振作，自谓笔下金刚杵，究不能脱尽修饰涂泽之迹，虽雅而不能雄，虽厚而不能沉。有清代，专师石谷者，十之八九，以致见林园景致，红桃细柳，朱栏画舫，观者醉心；见复岭重峦，规矩森严，笔墨酣饱者，即视为北派不足称，无怪我日即于衰薄，而为艺林所厌弃。今非急于为市利，计莫若扫除时习，溯源古哲。明人从石田筑基，尚有骨力，清代徒崇石谷，虽得貌似，去古益远。观吴仲圭与盛子昭，望衡对宇而居，显晦之间，自有定评在后，不必随流俗为转移，于此可以悦心，可以垂远。专此，即颂日绥。

与高燮

卷翁先生座右：兹诵手教并惠佳什，回环再四，感佩交萦。砚因女棣前拟为社会服务，来杭数旬，将待机会。适因工商两界改造忙碌，劝其用力绘事，整理文学，于风诗骚选乡邦先哲，加之记录。近闻明年将有大规模发展古今文化举动。贱目近视兼生内障，近益加剧，字迹涂鸦，几不可辨。曩学文词，见旧友黄晦闻、罗甫堪呕出心肝如李长吉，惮难而退。力薄识浅，究心绘事，涉猎名作，益叹国学上下古今纵横万里，格物致知即是科学，修身齐家，兼用哲学。画务食古能化，将来文科不废。画学有民族性，为遗传法；有时代性，为变易法。习画者，或理论，或记录，宜务大众参考，方合遴选。清代自四王、八怪，蹈入空疏，法度尽失。道光、咸丰，学者奋发，画如包慎伯、林少穆、赵之谦、张度、郑珍、何绍基、吴荣光、翁松禅，合于正轨。而朝臣院体江湖市井，以及颜习斋所谓文人，若焦理堂、龚定庵一流，皆有画，偶尔游戏，不足为后人观法。虽多读书述古，较不识字者为胜，此后改革，不克淘汰，吾为此惧。近年仅从识字入手，举从前所作，弃而不留。语云"彰人少作，贻人后悔"的是名言。迩来长沙发掘周秦西汉文物，浙江良渚、安溪等处夏玉，间有文字图画。白蕉兄以玉圭古文字拓本，索为考释，砚因愿代抄录誊清，分致沧叟、蜕老正谬。此附，只候著绥。宾虹拜上。壬辰五月十一日。

与许承尧

　　苊公先生大鉴：晤杨斗枢君，领到惠赐饬钞《乡音正字》、《府志辨证》，感谢感谢。顷颂手书，指示拙诗，俾有遵循，荣幸何似。昔浑南田常责石谷题画诗跋不通，不吝诤言，古道可风，艺林传为佳话。今获南针之赐，此乐当何如之。程君房墨近日稀如星凤，要以未受潮湿、无碎裂痕者为佳。其次能不黏手有黑色者。前明制墨杵功最足，墨之锋棱能以切纸。唐墨一螺可磨十年，坚可想见。否则碎裂者可捣碎再制，即"冬心墨"是也，冬心得程君房墨改造之耳。静庵为明初戴文进之号。徽地常有明初人画。戴画善用墨，近北宗马、夏之遗也。黄山僧未详。家凤六公画中，题诗颇多，拟搜集另刻成帙。近访得郑慕倩诗五首，录出共赏之，画不可求。昨往浦东顾氏园看桃花，返沪有拙诗并画，尚未脱稿，兹录前十余年旧作，先乞郢削，琐渎勿责。江秋史、洪北江、郑谷口三件，均送令亲罗寓。遇有歙人墨迹，仍当留意收入，以备采择。歙中他姓族谱记载轶闻，往往有所见。如见书画篆刻之入，能分类录存，亦徽学之关系于国粹者，祈公赞助之。至于经史著述，博大精奥，不易为力，可搜其书。安徽丛编二集决刊程让堂《通艺录》。惟彤、演二老均往皖，经费周转，时局关系，不卜能否继续何如耳？现有陈乃乾君印旧本书，仅印百部，价稍高，此法亦佳。石影每页只洋一元不到，拟仿为之。专候道绥。黄宾虹顿首。

与傅雷

怒庵先生著席：昨奉扇页，谅荷察收。顷诵手教，谦抑精审，佩极佩极。"没笔痕而显笔脚"，分明是笔，融洽是墨。没笔痕是融洽，显笔脚是笔法分明。"谓之书画者"，书法用笔，与画用笔相通，方是名大家。此二句，原是前人论画之成语，书家有笔法无墨法，谓之奴书。唐人写经，多经生所作，故不名贵。古人善书者必善画，以画之墨法通于书法。观宋元明人法书，如赵子昂、文徵明，至于王铎、石涛，其字迹真伪至易辨。真者用浓墨，下笔时必含水，含水乃润乃活。王铎之书，石涛之画，初落笔似墨渖，甚至笔未下而墨已滴纸上。此谓兴会淋漓，才与工匠描摹不同，有天趣，竟是在此。而不知者，视为墨未调和，以为不工。非不能工，不屑工也。考试翰院之书非不工，只是外面停匀，全是做成，失于自然。康熙以前殿试策尚不如此，甚有淡墨行书者。至嘉道后，不观文字，只看写得停匀，正如画者至乾隆后，工者全是院体，不言笔墨。今旧京人物花鸟学院体者，易于描摹貌似，再进一步即学新罗山人或唐六如居士，以为轻松流动，不深究新罗、六如佳者正事古拙，与近代习见者不同。因伪作者学其流动，而遗其古拙。古拙不易学，而流动变为浮滑，观之令人可厌。流动之中有古拙，才有静气。无古拙处，即浮而躁，以浮躁为流动，是大误也。今救其弊，非先从论书法说明下一种苦功，不易做到。古人殚毕生之力，无间断之时，得其笔法。去年尊函有谕拙笔为简单画法之引导，甚合。但鄙人曩在沪与友人之习画者言之，无不笑为迂阔，甚或借为戏谈，因之不敢向人轻说理论。以台端之精心毅力，研究中外画理，乘此时局之闲，尽可习中国之画，其与西方相同之处甚多。人同此心，心同此理。所不同者工具物质而已。现今西画工具缺乏，油画家多收购宣纸、花青、赭石，以为油画变通。将来物质上影响及于画理者，更当丰富。画以自然为美，全球学者所公认，爱美者因设种种方法，推求其理。中国开化文明最早，方法亦最多，不知几经改革，以保存其今古不磨之理论，无非合乎自然美而已。故理法虽可宝贵，而气韵又从理法而出，更为宝贵。拙撰下篇《气韵》一首，尚未缮出。所论理法一篇，又改易颇多，当再誊一清稿，请教是否的确，未易知也。用笔之法，书画既是同源，最高层当以金石文字为根据。道咸中潍县陈簠斋太史，以贵公子研求金石，其论古人篆籀用笔，只是"指不动"三字，简要详明，可为学画与观画之真伪确据。方寸以内运腕，方尺以内运肘，再大者运臂。若徒用指挑剔，为流动，即非古法。仔细思之，其言甚确。鄙意将笔法作图，略附说明，以审断古今画家之优绌，当无可遁。然筌以得鱼，蹄以得兔，其终可以相忘于无形者，大而化之耳。总论而画者以不似为得其神，"神"误作"初"，草字略近之讹。画贵神似，不在形似，所以不似而似者，为得其神似。苏米崛起，书法入画，为士夫画，始有雅格。士夫之学，语有未妥。画格当以士夫为最高，因其天资学力，闻见鉴别，与文人不同。文人画不必天资聪敏。学力深厚，闻见广博，鉴别精审；苟能明通用笔用墨之法，即章法不稳，不至恶俗，已胜于作家之精能。故论画者以能品为下。画之理法精通，处处皆能入彀，甚至精工之极，为人惊叹其学力之深厚，寻常所不能到。如蓝瑛田叔、周臣东村之流，皆不为艺林所重。虽马远、夏珪，论南宗画者尚不愿学；画非不佳，以视董北苑、释巨然之山川浑厚、草木华滋，品格卑弱，残山剩水，人以马一角呼之。故明初吴小仙、张平山、郭清狂、蒋三松一辈，均由马夏脱胎，用笔霸悍粗率，全无含蓄舒和之气，学者目之为野狐禅。近日东西海外艺术家，以其写生相近欧学，啧啧称之。近年欧美人能读中国论画之书，已知其卑陋而求士夫画矣。芥子园画谱因得李流芳画册数十页，又请王概字安节足成之，为山水画谱。此明人刻书习气。李笠翁人品学问，皆非上游，为投时作此，便于不学之人流览，偶尔涉笔，即可冒得风雅之名。于是清代画者以四王为最佳。在当时因明季名大家虽多高手，因东林党人为时所忌，王时敏世代与东林为仇敌，且捧场王石谷一寒酸寡学之子，以为高出宋元之上，即麓台皆为之不平，谓为大江南北，以石涛为第一。由此一变为扬州八怪，与四王相反，惜仍学识不足，远逊明贤。至于道咸，学书者多，兼之习画，如吴荷屋、姚元之、吴让之、翁松禅，皆出八怪之上。而提倡之者以其真迹不易见，而四王真赝杂出之作，遂为雅俗所共赏。犹词曲昆腔不行，陂黄京调较易合俗，今且变舞台为剧场，令不学者一望而知，才是通俗。仿古之画既将推翻，而折中一派不东不西，国画灵魂早已飞入九天云外，非有大魄力者拯救疾苦。画乃文化萌芽，不能培养，其他更不堪问。画有民族性，无时代性。虽因时代改变外貌，而精神不移。今非注重笔墨，即民族精神之丧失，况因时代掺入不东不西之杂作。今之士夫，书法且不讲，何由识画。画之不明，语言文字精神无所寄托，昏昏如梦如醉，大可哀矣。拙撰屡拟竭忱删改，一则招人非笑迂腐，以为重在复古。历史沿革，古既难废，时习之所谓为新者，皆中国古人所唾弃。海外学者虽有名言确论分科类析诸法可以参用，鄙见以为多宝架上之瑜瑕杂见，每多挂一漏万，不若一鳞片羽，尚是稀世之珍。因与众见参差，踽踽凉凉，寂寞久已。教科书之大旨似多守旧，最重笔法，悬腕中锋，朝夕研练，当无片刻之间断。即不挥洒，亦是泛观名迹，探讨名论。于画有益之学，范围至大，由博返约，笔法既合墨法，方能应手自如。至于章法，千变万化，仍是笔墨精神，非徒关丘壑位置。鄙见奉劝台端习画，正为贯通中西学理实践之地。画之论法，固是低下，即空谈气韵，亦不能高。所以古人论画，有由门入者不是家珍。古法口授，笔已难罄。学者如牛毛，获之如麟角。修养途径必赖多见名大家真迹。今言古物胜于古书，考古学发明，文化更有实据。鄙人自幼遭先君商业失败，游学金陵、维扬、皖江诸大都，从事垦荒，所获盈余，尽购古金石书画，置之行箧。近拟编目待刻，颇有元明名家真迹。近年生活昂涨，设法携沪售去。现虽精神尚可护持，将来时局如何，难于逆料，用是惴惴。同志旧友，日渐凋零，艺术前途，茫茫后顾。语言文字一日不废，国画即千古常新，又差自慰。时代背景或有不同，变通其间，自关识力。由浅入深，初非躐等。画源书法，先学论书，笔力上纸，能透纸背，以此作画，必不肤浅。去笔之病，贵有切磋，高下远近，所差不多，得失甚大。欧学物质文明初步迥异，至于思想，原无不同。理法之外，当详气韵可也。宾虹拜上。

与傅雷

怒庵先生惠鉴：顷诵月之十一夜所发书，并大著《美术检讨》，热忱毅力，感佩无既。拙画寄沪，前云总数百件，系专指山水水画，而篆书花卉不计，信中未详及之。尊处收件不误。沪上敝友胡朴庵久病谅痊，姚石子、高吹万皆能文，于画理尚无多研究，然交数十年如一日，而待鄙人至诚意。郑午昌能文，十年来印务谅忙碌，不卜能否动笔，不可卜。童心安素谦谨，于鄙人为嗜古印之交，亦画花卉。王秋湄于六朝遗像有著述，而画理亦疏，颇嗜收集，足称好事家，然沪上熟人极多，较奥友陆丹林尤胜。陆丹林前办《道路》杂志，相识满天下，丐时人笔墨亦甚多，亦玉石不分，特画家捧角之健将，与鄙人亦交好，近闻由香港返申矣征。叶誉虎称高奇峰为画圣，丹林奉张善孖亦为画圣，是否的确，当有世评。奇峰、善孖已故，而陈树人、高剑父亦不知存亡，皆鄙人之友好，而旨趣不同。因今次不关陆丹林，亦未悉其寓址，前一二年在港尚通讯，有敝女生赵含英、吴咏香得其招呼港友介绍之。含英于秋湄熟人，前朱竹坪在世，与张丹甫、何亚农常接近。惜含英未深造，在港时曾函索拙画，及寄去而人已离港。秋湄于鄙人数十年之交，往来亦相得，惟于拙画只取细笔索之，鄙心甚畏惮。因近年拟乘暇整理拙稿，购求书籍及金石书画为考证古人实事，细笔乏暇画，惟于普通版本之外寻线索。如四王有烟客，三百年来供为山水画之宗师，至今香火不绝，而教徒未之深省。要因烟客为王锡爵之孙，世代与东林正人为世仇，至烟客尤甚。借满清鼎革之力，揄扬石谷，立四王门户，娱媚君主朝臣而已。当时画家巨手数十辈，抑塞不闻于世者，不可胜计。然石谷成名少壮之时，有恽南田代笔并书款，以扬于识者之前，焉得不好。南田卒，而石谷四十以后画最劣，及六十五岁努力成功，仅得笔法中之留字诀，然腕弱格疏，疏空之疏，非疏密之疏，但修饰靓雅耳。书至一雅便俗，米南宫之所谓雅格，殊大不然。水墨淋漓，用笔恣肆，坚实行徐，无丝毫姿媚尘俗气。故元四家得之，以成绝技。南宫谓唐宋人皆俗气。雅笔惟苏东坡、米南宫足当之。元人入雅，为师苏米。所谓师董巨者，以其画江南山，渐山唐宋画西北山水之险恶而归于平淡。平淡非浅薄。倪黄虽简而实繁，吴仲圭、王叔明何等沉着浓厚。明之沈石田、姚公绶至董玄宰，合董、巨、二米为一家。有龚半千、石谿、恽香山，皆粗墨涩暗，以名大家，谓之浑厚华滋，不以细谨为事，即徐俟斋、祁豸佳诸名家，皆古拙不入时好，在当时至为世俗所唾骂。而识正轨者不欲舍己从人，终于千古以下灿然一灯，照耀后来学者，得以不失其志坚气浩自信之力，非坚执己意，凭空虚造。因有历史以来，前哲开其先路，后人变化而光大之，已堕者拾而登于席，久蕴者掘而贡之庭，无他也。虽然，唐来人未可尽废。王维、李成之细笔，传而为李伯时、钱舜举、文徵明，至清之钱松壶。郑虔、张璪、吴道子，渐为宋范宽、郭照辈所浑合。至董北苑多法郑虔。由元至于龚半千，皆自称师郑虔。龚半千画，在当时画多黑，人甚厌之。故其弟子王槩等，至于金陵八家，皆细笔，后既流入纱灯派，仅画纱灯作生活。金冬心自命不凡，讲学扬州梅花书院为山长，画粗笔佛像梅花，亦以湘竹灯求袁子才在随园寄售，而经年尚未出售，袁谓南京人只解吃鸭膆而退还之。古人至诣，不干时好，无足怪者。故爵禄可辞，白刃可蹈，而中庸不可能，以此。此意非但世俗不明，即贤者或昧之。秋湄有邹臣虎画山水扇册十二页，真是异品。邹画较玄宰高倍蓰，龚半千称为子久入室之徒，鄙见以为或胜之。明贤画有胜元人者。即在明季东林讲学之时，而人才亦以与东林接近为多，今所载之画传者，寥寥数人，一人数语耳。拙著《僧渐江》，为陈柱尊木刻于苏州，《垢道人》、《罗文瑞》诸篇，瞿兑之为采入《中和》杂志。如此种著述，有四五十人，每人至少三五千言至数万言，皆搜求不传之本，或已禁毁之书，与书画真迹题跋者。此鄙意所眷眷，不欲散亡之。印诚不易也。印著述急于印拙画，印拙画不如得保存拙画者付之。冰清、砚英非不笃好，因其不究理论，而徒临摹在章法，虽老无裨，不欲虚掷精神物力。物力在今已艰至万分，鄙人储蓄，尽购古物，年来出明、清人普通画件，得数万元，仅供八口馔糜。稻米近在千元一石，是联币，若中币即五千元矣。尚留至精者，拟抄存目录或待印。原拟携回南中，闻生活更浩大，虽聚散皆身外之物，尚待考虑。今次拟闻画展，得大力文字之揄扬，喜出望外。又有裘、顾诸位之辅赞，亦不易得。最大疑问，拙画不合世眼，又值世间金融恐慌，徒糜虚费，难博人欢。虽如秋湄、曼青诸友推爱，亦属无补。况得资印画，收费尤难，徒散人间，为不谅者指摘之的。此鄙人遇大好机会绝不印拙画者。如有正、商务、国光虽百册，皆早成功。一则自信未能，二则志存传古，三则不欲耗人资财作无谓之事。虽于私人可扩张浮名，不值识者一笑耳。展会得款，未必把握，徒领人情（《白云依山》不复记忆，如愿作细笔，不出门可得每月联币千余元。以贱目内障，稍视久，即作痕，虽愿亦有所不能）。印书不如印画，拙画当有知音，自可保存。拙著有关数百年来谬见及秘隐之处，况明清忌讳尤名，应为学者所许之议论，三代文字学及杂著亦有新发明，为今海内外学者所未道，此秋湄所未尽知者。鲍扶九君曾著《张夕庵年谱》，于金石学甚劢力，著述甚多。吴仲垌知其地址，鄙人久不通讯，殊念甚。先生可由仲垌访之。星期日秦曼青诸君意见若何？若不满意，鄙见以为就尊处或借人家约敝友及熟人先观之，能作谋定后成之举为胜，不可强勉，如不能计胜，不如将会址日期让与他人（敬请偕裘、顾二君预算多亏为难，认其贴费杂用可也。可不开会，省却无数费神，较与世俗交接为安）。再迟候拙作细笔画收拾完工或明年正月寒假中，原有细笔画为家中妇女辈藏之箱箧（已将据为私有，不忍出手），不但无款，多半未成，先将寄申百余件，能脱手即售之，不能售者，有友葛又华、黄居素可尽行包去（二人能画，交友甚广，待鄙人尤至厚，屡年索画尚未应），只交舍侄辈领回转寄而已。申地展览再筹办法。承赐大作，当有刊印布行之处（在申有《古今》杂志，将归敝友主任，内容将专刊艺术云云），为艺林乡导必矣。所开载之友外，冰清、砚因每位赠一纸作纪念，不取润，不愿取者听之（裘君来纸为友携去，待索回即转），叨在知心，一切吐露，幸不示外人。切切。名正肃。十月二十日。

再者：邓秋枚体弱，每日下午三时起至四时，惟收藏古书画之友得见之，过此即度门，此前二十年即如此（作文谅亦所惮，鄙见不必约）。当三十年前，旧友宣古愚君能文善画，著述甚多，与秦曼青、王秋湄亦至好，与鄙人尤合。尝于四明银行三楼发起一贞社，研究金石书画者有王捍郑、庞芝阁数十人。时秋湄将任兄弟公司经理，未加入，渠亦无收藏。社友中多能文识画。同邑故人汪巨游，为画友采白之叔，云沪上近来寓公能文而不喜作文，有收藏而但喜观人之好藏品，若以贡献于艺林，必无此热忱。艺林中人，学古已少，而求理论明畅者更难，即愿闻理论者亦至少。鄙意以为言之太过，经二十年来到处如此，甚有答言画到过好，人不懂。惟求人懂，不求理论，此不但古画不明，而艺事日趋而下，诚可慨已。拙画向不轻赠人，赠人书画，如新罗画生存只为人作包裹纸用。拙作日课，不求完竣，不署得如此，方成绝艺。明画已少。书法有"以白当黑"之语，老子言"知白守黑"，庄子言"斯罕不仿鼻"，此等画诀皆古人所不言而喻于心，虽专读书者不易知之。周秦诸子理论极透彻，当时学艺亦极精工。近年如淮河流域出上之金石图画，较之汉魏六朝有神妙不测之技能，欧美研究而未得要领，故多善价而求。六国文字，国立图书馆中，虽如燕市、金陵各大学，均乏此材料，惟私人研究，海内外亦寥寥。而欲求类此知识之人，尤为最近时代所繁多。盖美术之本原在古文字，文字之精神于古物得见之。日内敝处觅得襄勤脱稿之友，能写书画皆雅（巫达斋君，蒙古人，住京），拟竭一月之力，将拙撰完成一二种，计须寒假期中可毕，亲携来申，奉求教于诸君子。画展祈代请熟于会场一二位友人襄助之，鄙人可从容来申。前云车务，熟友潍县张君近调青岛，闻过江甚拥挤，而家人又以守门户亦严重，不能分身做伴，在知己虽能谅之，而私衷皇悚为无已耳。又鄙意影印出册，以小册页为宜，画亦须较工细之笔，以少渲染为易明爽。另画小册为之，今暂照少数何如？复候著安。黄宾虹顿首。十一月六日。

与傅雷

怒庵先生大鉴：日昨奉复长函，谅荷警及。惠寄画册，影印排字俱精，曼老序文极佳，北平诸友见之，莫不欢爱，尚有乞为再版续印一二百册者。鄙见以为续印固佳，而拙笔纪游，意将广西之阳朔，四川之青城山，又峨眉，江苏之太湖，安徽之黄山，每部专画一处之风景，每册廿页为一部，原稿留存研究所（假名，再酌订筹备细则），或待好而有力者之贮藏，似较印书推销犹易为力。鄙人于印刷事业耳闻目睹，沪上卅年甘苦备尝。而亟亟以传古为职志，因传古可为后人取法之功力最大。所惜故宫多院画，唐宋元明真迹尤罕，士夫画更说不上精品。鄙人审查故宫南迁之画三年之久，排日工作，均有详细笔记，中有百数十大柜之多柜一号，每柜二二百件，只有一二号可观，其余伪品临摹，而御笔及清代朝臣院画尚不在内，故欧美鉴赏之者，意多不满，以其中乏士夫画之精品也。士夫画之精者，清代只有新罗之花鸟，方小师之山水，罗两峰之人物，其他寄人篱下，直可谓之画奴，因有"书奴"谓然。扬州八怪学识功力皆不足。惟应自董玄宰起，一变吴门派之俗笔，入手士夫画之正轨，而赵左、沈士充诸人所称华亭派者，不克自立，不为世重。独有秀水、常州、新安三派中，有矫娇不群者，皆因董玄宰之提倡，士夫画兴起，约近百人，百人中有四五十人，如龚贤、项圣谟、吴彬、萧云从、戴本孝、邹之麟、恽向、程正揆之伦，皆是画中之龙，与元人相去不远，非但习画者所当研究，而尤为著作国画理论评骘画事者静心参考。以此辈学识，由元明真迹上溯唐宋六朝而得，非若乾嘉以后之文人画，摹一二家，写一二幅，略知诗文，小有娄东、虞山画之收藏，便称画者。此等风气害人不浅。文人与学人不同，僧渐江自称学人，黄大痴亦称学人。元人之画从唐宋苦心孤诣处变化成家，明季画又从文、沈上溯元人，又能孳孳不倦。关春草君鉴赏力最胜，沪上张葱玉亦佳，俱山少壮识力过人。张近以十万联币在天津购蒯家之赵松雪画，不久回沪。如台端之聪强，知人善任，必能鉴别古今名画，非仅以理论著作名家。因此鄙人有数十年之收藏，虽在国光社及各书局有影印海外印出亦不少，铭心绝品，俱未示人，今思留一纪念，选数十幅为一大册。故对于囤积纸张之费不如为此，于人己多所增益。至于合资印书，宜于编辑剪贴之学，鄙见谓为为人非为己。拙著拟将石涛、石谿及渐江补足之本，先雇写手赶成，以答盛意。而殷殷遥瞩者，尚在研究所。宣愚公与鄙人曾办"行秘书"，收集私人藏书画目录，结一团体，中有条倒甚严格，分等级以不经见之古物，确为真鉴家所承认者，书画皆然，惟一交换条件行之不易。欧人收藏至为精美之物多属私家，而博物院即是普通寻常，无足研究，研究亦浅陋。二十年以前，愚公曾约鄙人至黄浦滩一某俱乐部，一门券每张已二三十元，皆为欧人私家收藏。研究处前到者有土山湾天主堂牧师张渔山为熟人，向研求中画，云今有塞尔维亚之商人，得一宋画册页，全球视为至宝，可供观览。及欧人群集，见马远六册、院杂画六册，其五人画史有名，惟一页名□□者，遍查无考。今又邀有学者多人研究，此一二观览莫不惊叹，题跋装潢扰是五百年前之旧，收藏精美。只以不识一画者之名，众形踌躇蹙额之状。鄙人谓宣愚公，此必梁楷。宋人书款每如画押，愚公云何不对欧友公布之，张渔山亦极赞成，乃指为梁楷之款，当时即检海内外影印画册对之，果符合。欧人识鄙人者以此举传播为多。因思传古是伟大美术事业，发前人所未发，颇思先由画展款下请尊处代汇万元，联币不足贰仟元分抄书，数百元作筹费，在北摄影。余续及。黄宾虹顿首。十二月十四日。

与傅雷

怒庵先生道席：前荷余款十五万元，谨收到。大作著述纷繁，拟将贵友属为拙画册页竣工同复上，迟迟未奉答，至歉。今册写武夷纪游，略变面貌，如合尊意留玩，可另写寄奉贵友，或另写以报知音，勿再给奖。曹文畊兄屡以画展扰清听，并函嘱为介绍书，已却之，不料伊仍念旧德于不真也。江松如舍亲来函云是新组文化机关，邀坿贱名于简末。前十年舍侄女映芬未故，学图画，携去拙笔诚不少，中多疏放。近稍习整严，时学北宋人，期于虚中有实，而又不易疏。元季明末画逸品者致力于北宋人之阴面山，用功极深，而后无虚非实。若仅学元明人之逸品，恐如王觉斯所谓学云林奄奄无生气矣。吴门、浙江派之枯硬干燥，与娄东、虞山之甜熟柔滑，皆不善学元人也。今欧美人纷纷言逸品，请质之高明以为然否？坿册十二页。专此，复候道绥。实虹拜上。五月廿九日。

与傅雷

怒庵先生道席：得上月廿五日赐函，名论高识，倾佩无已。惟荷奖饰逾量，益兹忝感。昔大痴自谓五百年后当有知音，梅道人门可张雀，而自信己画在盛子昭之上；倪云林谓其所画悬之市中，未必能售。古代且然，今以拙笔幸得大雅品题，知己之感，为古人所难，而鄙人幸邀之，非特私心窃喜，直可为中国艺事大有发展之庆也。清代自娄东、虞山，专尚临摹，重貌似不重神似。二百余年以来，士夫解画理者已罕，其坠地自不必言。鄙意不反对临摹，而极反对临摹貌似之画。故于清代古画家无当意者，而究心于宋元明画，孜孜数十年，至今不倦。西北且有唐画留存，如莫高窟古洞发现书画，时有所见。始悟古人用笔之法，皆具数十寒暑苦功，而后上纸作画。其理论极与欧西吻合，如画笔重在点，曰起点，为章法之主；曰弱点，为无笔力；曰焦点，为无墨采。正是中国画言章法、笔法、墨法相同。近言线条美，曰积点成线。中国笔法秘诀言屋漏痕。古画笔法无不由点成线。五代董源披麻皴，似用长笔，巨然学董源，即复短笔皴。虞山王石谷墨滞笔弱，麓台甚诋诽之，只以得屋漏痕法之皴笔为鉴赏家所心许。至戴鹿床得其意为正传，然而微之又微，其去古已远矣。鄙意反对临摹貌似，是不愿人有泥古之见，与食古不化之弊。而好古以搜罗名家历代真迹，以古人之精神万世不变，全在用笔之功力，如挽强弓，如举九鼎，力有一分不足，即是勉强，不能自然。自然是活，勉强即死。六法言气韵生动。气从力出，笔有力而后能用墨，墨可有韵，有气韵而后生动，学者当尽毕生之力，无一息之间断。静观古今名家之优绌，无不由此而分。大名家之一笔两笔，中等名家不能动笔。人同此心，心同此理。集千古之名迹，特出一二大名家，以其能取是舍非，用长祛妄。画分三品，能品最下。观古人之画，骤视之知其功力之深，为人不能学，且不易学。而共知其佳者，必非上等佳品。有初见其画不过平常，而且人人皆能，至有为寻常人所不欲观者，谛观之而知其美，学之而更却其美之不能学，不易学，此方成为最美最佳之作，所谓美在其中，不假修饰涂泽为工者也。用笔之弊，一曰描，无起讫转折之法；一曰涂，一枝浓笔，一枝淡笔，晕开其色，全无笔法；一曰抹，如抹台布，顺拖而过，漆帚刷成，无波磔法；皆不知用点之法为贵。鄙论皆原本古人而发明之，知与大雅论画多有合处，尚希先生发大愿力大慈悲，为近时学者兴起鼓舞而遵于正轨，俾士夫明达者共解斯意而光大之，诚盛事也。宇内共称东方文化，语言文字，各种学术，皆以文明开化之久，万古不磨。学术如树之根本，图画犹学艺之华。桃花能红李能白，此能品也。桃李，凡卉也。若野菊山梅，如隐逸高人，其超出于桃李，人共知之而共赏爱之。画事品格，人不全知。近之荐绅往往以清代文人画即为中国上品画之代表，而谤詈之。不知中国有士夫画，为唐宋元明贤哲精神所系，非清代文人画之比。正以其用笔功力之深，又兼该各种学术涵泳其中，如菊与梅之犯霜雪，而其花愈精神也。坿拙画十二帧，余续上。顺候道绥。黄宾虹拜。
七月七日。

与傅雷

怒庵先生著席：迭诵手书，藉悉起居，劬勤文艺研究，
于古今变迁尤加邃密，诚感诚佩。近今以联邦友好倾心东方
学术，促进我国提高社会民族。此千载盛事，难得之至。国
画鄙见分三时期：上古三代，晋魏六朝，由石器铜铁匋瓷骨
角，变锲刀为柔毫，造象画壁，笔墨丹青。古人有法而不言
法，政教宗教各以类分。画以装饰衣服器用为事。画属书算
之余事，先有象形文字，言形声谊，形以目治，形声假借，
谊即会意。书法流美，有弧三角，齐而不齐，以成内美。黑
白二色，是为真美。五色七色假日之光，今三棱镜可以证明
之。王维水墨，画始二色，为真内美，画中有诗，诗中有画。
画为无声诗，诗称风雅颂，古圣作乐，舜之诏舞，周之武乐，
有形无声，与绘画同。而歌诗享宾，断章取义，文字言语，
尤与画合。宗教画壁，宋齐梁陈，灭亡毁圮。唐失画法，会
意于诗歌。五代画合丹青水墨与大自然，发明六法。画由科
学进于哲学。哲学合综，学非合综不大；科学分析，理非分
析不精。元季四家，贯通三教，精通六法，上承北宋，以实
运虚，虚中有实，登最上乘。所惜元祚不永，倪黄真迹全无。
明初吴伟、张路，蒋诩、郭清狂之流，入野狐禅，犹之宋人
言六法，拘泥六法者，只徒临摹。宋徽宗谓画院中人如仍是
画者不变，吾不欲观。刘松年、李晞古、马远、夏珪年均毫

鋈，始于早晨昏夜静观飞鸟出林，走兔走圹，写为实境，得其真相。而马夏一角，仅作临安山水，成为偏安气象。明代沈周，虽由诗书画求写其古意，南宋功探，一学倪迁，其师赵同鲁有"过矣又过矣"之叹。明季天启、崇祯，承董玄宰宗北苑画，言南宗比于禅家，五祖六祖，分出作家文人。其时士夫知法北宋元人虚实兼到之妙，然其兼皴带染，仍是流弊于娄东、虞山。王原祁自谓笔下有金刚杵，推崇大江南北有一石涛，遂开扬州八怪。虽于诗文字法求精究，于古人真迹罕睹。及至道咸同光，金石学盛，魏碑书法全合不齐三角算学真源，万毫齐力，积点成线。鄙见搜求近百年画人未见著录者，准以古法，编辑缀成为一书，分山林、廊庙两大类，中以收藏赏鉴、天才、学诣、师友、游历、著述、醇疵列九等表。如朝臣内廷供奉蒋廷锡为余省三提刀，诸多门客代笔。院体临摹唐宋元明，优孟衣冠。石涛、八大开江湖法门，文徵明、唐寅人市井习气，文人帖括考试卷策凡流邪甜俗赖之作，虽前人画传、画评、画考、画录毁誉偏毗，俱应平心静气，判别优绌，多不厌烂，求归于是。况今东学西渐，欧画近多变通；民族发达，既由宗教政教综合文教艺术而光大之。兹奉函示，拟先于近百年中着手，江南北区域中流传真迹，乘现在博采广收，能集众力，尚为较易，兼有兴趣，过此非毁灭即赝赝托，无从实证。敝藏尚存大批有名无名近千余纸，尊恉有合，进而教之，幸甚盼甚。此候著绥。宾虹拜上。十二月廿日。

北人重学，南人重文。黄河流域发源最早，儒门子夏之徒，商鞅、李斯，惟子游、澹台灭明渐与庄老合。楚辞《离骚》继《诗》雅颂，吴亡入越，越属于楚，秦楚之际，书法不同。挽近出土长沙周缯、良渚夏玉、滇南石画、淮河古铜，文采超越寻常，以江南北为最盛。而西北沦于匈奴女真，汉魏释教，唐有景教，元代开拓区宇，交通既广。敦煌莫高窟写经流传南来，两北僧寺道院壁画，保守丹青古法，由油漆革画，进改缣楮，蛎粉、驼绒衬于画背，层层加上，旧可不去，而新又更多，然出于经生画匠之手，可历千年，无甚改变。自法国伯希和氏发显敦煌古迹，市估伪造不少，能多所见，物质异同一望而知，非若南画改款添补，难近百年至十余年即不易辨，故收宜从近时人先收集之。

与黄居素

居素道兄鉴：画册写就，拟付邮。近海关须报税，今陆续封入函中，免作英文等等手续。惟联件包裹颇烦絮耳。顷得上月十六日手书，聆为拙画揄扬，并惠画润，感何可言。中国画言成德，西画言成功，故太上立德，德先志道，而后依仁游艺，精之足以济世，与佛学同归。非如拉丁之奢淫，条顿之强很，其画仅以表现民俗也。近来参法东西画，只得其皮毛。如厌世派之谈佛理，恐非真实之学问。画学主静，人人安居乐业，有视仁人爱物之心，即是画旨。极荒寒之境，可以令争权夺利之夫视之猛省，或退让于无形，此画之以水墨为上也。君夙深研佛理，今为友谈画理当更透彻。画纸以细洁，六吉陈六七年即可用。北平旧纸前年甚多，因大千购买近万金，遂为大众注意，今颇昂贵，一四尺纸每张须十元以上，不过为作赝品画所宝，鄙人不取之，不及新宣纸匀洁耳。翁君画，当遵寄奉。兹先寄小册十二帧，中多纪游之作，减笔较细笔有精神，迩来欧美友函亦喜减笔，惟繁布后减乃为得之。仍在平日功深，非徒事丹青修饰也。临颖驰系，顺候道绥。黄宾虹顿首。

与黄居素

居素道兄鉴：近得手书，诵悉甚慰。鄙见作画如习拳术，既得方法，尤贵勤力，先必谢绝酬应，就粗纸练习腕力、目光、气势三者。粗纸如广东、广西、黔滇之桑皮，西北方之麻纸，闽浙之花笺、元书均可，以其纸性涩笔，初易见效，遂有进步，不难自明。若入手即用宣纸学画，无论已矾未矾，因其光滑，不甚留笔。清代二百余年中，画者已乏练习之功，不过随意应酬，且为文人之余事，称日写意，贻误不浅。古人所谓写意，必于未画之先，平时练习，已有成竹在胸；当画之时，有笔法、墨法、章法，处处变换，处处经意。熟极之后，理法周密，再求脱化，而后一气呵成，才得气韵生动。乾嘉以后，文人初学，便求脱化，无一真实，全蹈虚伪。况有不观古人大家真迹，不读古人理论之书，欲其艺事精进，不亦难哉！东方文化，历史悠远，改革维新，屡进屡退，剥肤存液，以有千古不磨之精神昭垂宇宙。欧美人近三十年来，搜购中国古画，并考理论之书，骎骎日进，已将抉幽探隐，上窥宋元之堂奥，思有以改造欧画之精神。昨芝加哥画学教授德里斯珂君来函，极注意中国明代遗民作品，最重简笔山水，可为知言。先习繁笔，理法明晰，而后聚精会神，神气团结，极简之处，而有极繁之意行乎其间，加之真力弥满，气象雄厚，挂之堂上，使人惊倒，所谓"请看此画定惊倒，先要倩人扶着君"。以力与气，养成有素，非若江湖画粗率欺人，亦异于文人画之空疏无具。此是士大夫之画高出群伦者也。鄙人旅居燕市，日惟读书观画，几无暇晷。拟著歙画录，集元明画者轶闻不彰于载籍而仅见于卷轴题跋之真迹，日久渐多，缀辑成篇。歙本江南区域，晋唐而后，文学之盛，比驾江浙似或胜之。以黄山峻削，地居偏僻，不与时俗移。江浙以运河通衢，易沾时习，画多甜俗，不如新安之辣尤为近古。竣工即奉。专复，即候日绥。黄宾虹顿首。

贺莲青笔，该号无法寄上，拟托黄嘉德君处转，拙画坿函，或仍可寄。此布。

与裘柱常

昨承赐视近作三画，与同人研究，待商数点：一、宣纸市上矾重，绘画不易得变化。旧有汪六吉，前清光绪尚多制作，入民初即用舶来品罐头纸浆及硝镪水制出之纸，已不适于点染。时习浮薄粗率，作画流弊，纸当任过。四川、贵州出生皮纸，意大利查龙近改西法，用中国纸，即此。二、笔法言万毫齐力。又云中书君老而秃。古人用笔，羊毫之柔，柔中有刚；紫毫之刚，刚中有柔。新笔先多写字，去其浮毫，而毫端始有力。笔墨先求上纸，陆日为挑笔，石谷滑笔，皆是笔病。至康雍年中及乾隆时，书画用笔，浮薄已甚。画者因古画难见，全入收藏公私之家，虽扬州八怪，妙有诗文才气，无从得见真迹以学古人精神。古人精神，所谓墨分五色，浑厚华滋，全从力透纸背而出。黄大痴墨中笔，倪云林笔中墨，上追荆、关、董、巨之法，所惜元人世罕真迹，仅于书法诗意二者求之。道光、咸丰画学复兴，同光叔季，碑碣金石之学昌明于世，公羊学者倡言革命。今日绘画创作，民族研究，尤非深明于近百年画，孰优孰绌，谁是谁非，当使目光如电，笔下力回万生。是知祖宗遗产，自有文史以来，垂数千百年，我国宇内文化，冠冕寰海，群将趋向于东方者，画为文字之萌芽，而又极其绚烂也。古今政教赖以宣扬兴盛，学者奋发宜如何努力。古人诗文书法中可探索者，宜在手札劄记，残篇剩简，择其有实学毅力，方闻博洽，合综经史子集之哲学，与声光电化之科学，神而明之。不沾沾于理法，而超出于理法者，又不得不先求理法之中，方不蹈于虚无寂灭，与刻舟求剑、削足就履，同为识者所讥消。否则学敦煌壁画，犹是假石涛。即真石涛且不足学，论者以石涛用笔有放无收，于古法遒劲处，尚隔一尘耳。兹附画单，试详审分辨其诣力，取长舍短，作一见解小言，亦盼。柱常先生、顾飞女棣同鉴。宾虹谨具。

与鲍君白

君白吾兄有道：昨寄篆联十副，日内可到。前寄篆联，因纸厚已超出邮函分量，致退回。今再托友觅纸换写寄上，共十副，在另函中。兹将五尺堂一张附奉。此间宣纸为画家收购几罄，油画材料缺乏，亦用中国纸者甚多。因日欧风画者变积点为线条，与中国古画尤近。北宋董北苑之先皆用点，唐画尽以点成，故五日一水，十日一石，须千遍而成。北苑用长皴成长线条，巨然恐学者作长线条有轻薄之弊，又变为短皴以仍占法，今称董巨，推之士夫画之正宗，以其得笔法醇粹规范，不入奇邪，元季倪黄，实其嫡乳。画至明初，自吴小仙、郭清狂、张平山、蒋三松而极坏。沈石田、文徵明出，中年多致力于宋元，学者只得其貌，笔墨尽失。王凤洲谓吴门画家及隆万而几尽，诚慨乎其言之也。董玄宰与陈眉公客歙之溪南吴养春家最久。其时歙休收藏盛于江浙，玄宰提倡北苑、倪黄之画，风行海内，剧迹亦以新安为多。程孟阳、李长蘅、戴怀古、饶景玉、查二瞻、程穆倩、郑慕倩卓然胜于江浙蓝瑛、宋旭、张宏辈远矣。自王烟客一派以排斥东林迎合朝廷，常熟、娄东、云间俱无足取，而毗陵邹巨虎、浑道生与新安可称并美。惜康熙末年萎苶纤弱，乾嘉粗率，扬州八怪尤恶陋。及咸丰、同治间，画风为之一振。以时当金石学盛，如张叔宪度、赵捣叔之谦、吴攘之、郑子尹皆自不凡。新近世界画家，尽道"艺术救国"，中国古今画，公论为世界第一流，然非学油画者所易知，亦非袭海外画家作风为改良。鄙见以为倪黄画救中国江湖朝市之恶习；由倪黄而溯唐、五代、两宋，方可正时俗之积弊，骎骎与海外学者相接，要从多读书中之论画而悟之。君白吾兄有道。宾虹再拜。

与顾飞

昨得手书，并近作画，学校同人观览，共为称赞。天资学力，具有优长，益加精进，洵非易才，原件仍由敝处保留。现今研究创造，先从古人遗迹，详审源流派别，参以造化，自然抒写自己性灵。然必从近代时贤入手，骎骎而上，较有途径可寻。百年来海上名家，仅守娄东、虞山及扬州八怪面目，或蓝田叔、陈老莲；惟蒲作英用笔圆健，得之书法，山水虽粗率，已不多颧。此外有陈若木崇光、赵扬叔之谦、伺蝯叟绍基、翁松禅同龢，画传不详，精品稀如星凤。道咸名贤如包慎伯世臣、周保绪济、郑子尹珍，虽珂㼈版俱无觅处，并鲜道及之者。文化堕落，良可浩叹，诚不可不审慎择之耳。洪初堂榜文集言，以他人论是非为是非，谓为无我；自以为是，而人言尽非，谓为有我。有我者骄傲，无我者懒惰。中国学者，自乾嘉来，奚铁生冈以高丽国王索画得重名。周少白等无不东游日本、朝鲜。日本西崖氏著《中国文人画之研究》一册，陈师曾译出，商务馆印行，考据颇精确，所惜未见中国道咸文人画遗迹，仅及扬州八怪而止。然我国论画之书有周保绪之《折肱录》，其言文徵明之画非但枯硬而且无笔墨之可言。虽沈石田扰多不满，可为卓识名论。尚未见全帙，遍托友访求之。其自画力追北宋人，与董玄宰虽同旨，而玄宰兼皴带染法，流弊于王石谷，柔靡极矣，全失笔墨法。挥南田早年常为石谷捉刀，因之得名。后已懒为，而谓石谷有名无实，将来为后世诟厉，必及同时之友辈云云。此函今存某处。石谷因偕查梅壑同诣京口，谒笪江上请问笔法，知有积点成线法之笔法。石谷享二百年盛誉不为论古者所摈惟此。在当时王麓台以祖辈之交，已轻视其画，谓大江南北余识画家，当以石涛第一。天才学诣颇觉深厚，生前潦倒不堪，无喜之者。以粗率为多，用笔少含蓄处，是其所短，花卉较胜。时代承平，古人遗迹多入豪贵之家、冬心、板桥、瘿瓢诸人，工书能诗，自谓文人，高出石谷之上，而不及石谷尚得多见古画，又能临摹真迹，况贫篓旅食都市，安得搜求收藏墨宝。此文人作品，有大儒颜刁斋称诗文书画为四蠹，而扬州八怪亦不足重。道咸之间，内忧外患，风涌云起，常州学派昌言革命，至戴子高望与赵㧑叔、翁松禅，皆承其流，而画尤不能不推崇邹衣白之麟、恽本初、笪江上、朱竹垞诸公之文人。即最近之罗颂西振镛著《画话》及《画余随识》，论画与其自画，求不可得，询之友人已多不知，自云与高邮宣古愚哲为表兄弟，其载陈若木轶事，为画传未入，亦无陈姓名。回忆我二十余岁，初至扬州，时有姻戚何芷舠、程尚斋两运转，宦隐侨居，家富收藏，出古今卷轴，尽得观览。因遍访时贤所作画，先游观市肆中，俱有李育、僧莲溪习气，闻七百余人以画为业外，文人学士近三千计。惟陈若木画双钩花卉最著名，已有狂疾，不多画，索值亦最高。次则吴攘之廷飏，为包慎伯所传学。宋元遗迹，自南巡后，多入《石渠宝笈》中。上古三代魏晋六朝，画尚内美，有法而不言法，在观者之自悟。佛寺既毁，画壁无存。吴道子有笔无墨，阎立本不识张僧繇画，李思训金碧楼台，画重外美，丹青炫耀，古法已失。王维、王宰、张璪、郑虔于诗与书法中，悟得其传。五代李成、范宽、郭熙、荆、关、董、巨始备六法，北宋尤盛。画言理法，必追源唐宋元明，研究其得失。既知理法，又苦为理法所缚束。《庄子·逍遥游》言，蝴蝶之为我，我与蝴蝶。若蚕之为蚁，孵化以后三眠三起，吐丝成茧，缚束其身，不能钻穿脱出，即甘鼎镬。栩栩欲飞，何等自在，学画者当作如是观。自成一家，非超山古人理法之外。不似之似，是为真似。

然必由入手古人理法之中，研究得之。《韩非子》言画筴，观其虚处，皆成龙蛇。古人画诀有"实处易，虚处难"六字秘传，老子言"知白守黑"。虚处非先从实处极力用功，好学深思，心知其意，无由入门。画言写意，意在理法之中，学者得之于古理法之外，正谓画法已失，当于书法诗文悟出其法。画法之"破墨"二字，明人题画，往往及之。元人知破墨法，倪黄用之，最得其妙。明初吴伟、蒋三松、郭清狂辈失之，坠入野狐禅。道咸中《艺舟双楫》言北碑书法，而画之墨法，始悟古法为胜明贤，然明贤启桢间画，亦不朽千古也。